LEGE · HERR KRAMER, GESPENSTER

Ilse Lege

Herr Kramer, Gespenster

ERINNERUNGEN 1933–1949

SATZWERK VERLAG

1. Auflage, Frühjahr 1995

Gesamtherstellung: Satzwerk Verlag
Gesetzt aus der Classical Garamond
Druck: Hubert & Co., Göttingen
ISBN 3-930333-07-4

Für Philipp, Christoph, Moritz und Gustav

I

Immer wenn von der *Machtergreifung* die Rede ist, sehe ich ein Bild vor mir: erhobene Knüppel, Männer, die aufeinander einschlagen, Blut. Ich höre Schreie. Eingekeilt in eine aufgebrachte Menge auf dem Kastanienplatz, sitze ich auf Papas Schulter, der zu mir sagt: »Käse, das ist nichts für dich.« Er windet sich durch die Menschenmenge, über deren Köpfe hinweg ich das blutige Geschehen beobachte. Die Bilder, den Lärm und das Getümmel habe ich so deutlich vor Augen, als wäre es gestern gewesen. Aber das alles ist sechzig Jahre her. Wir schreiben das Jahr 1933, und ich bin zwei Jahre alt. Natürlich frage ich mich heute, ob ich mich wirklich so weit zurückerinnern kann oder ob diese Bilder durch die Erzählungen der Erwachsenen haften geblieben sind. Ich denke, mein Erinnerungsvermögen reicht wirklich so weit zurück. Diese Bilder waren so grausam, daß sie sich mir tief eingebrannt haben, und keine noch so realistische Erzählung hätte bewirken können, daß ich sie nach so langer Zeit noch so deutlich vor Augen habe.

Mein Vater, Absolvent des Lehrerseminars in Northeim, war sechs Jahre arbeitslos. 1933 arbeitete er als Koksarbeiter bei den Städtischen Gaswerken in Göttingen. An meine Mutter habe ich aus dieser Zeit kaum Erinnerungen. Ich war ein Vaterkind. Mein Vater nannte mich *Käse*, weil ich so blaß war. Ich erinnere mich, daß ich aufwachte und rief: »Papa, pitschenaß und eisekalt.« Darauf erfolgte das beruhigende »Käse, komm rüber.« Die Erinnerung an diese Geborgenheit, trocken und warm in Vaters Arm zu liegen, habe ich mein Leben lang bewahrt.

Er nannte mich auch *er*. Hat *er* gut geschlafen? War *er*

auch artig? Die Enttäuschung, daß nach meinen beiden Schwestern wieder ein Mädchen geboren war, muß für ihn groß gewesen sein. Ich kann mich nicht erinnern, je eine Puppe geschenkt bekommen zu haben. Ich bekam Zinnsoldaten, eine Trommel, einen Bauernhof mit Tieren. Später konnte ich mit Puppen nichts mehr anfangen. Sie bedeuteten mir nichts, ja, sie ängstigten mich sogar durch ihr eingefrorenes, stupides Lächeln.

2

Wir wohnen in einem Hinterhaus des Friedhofsweges. Das Haus hat keine Toiletten. Die Plumpsklosetts sind in einem dunklen Holzstall am Ende des Hofes untergebracht. Die Fensteröffnungen, ohne Glas, gehen auf den alten Friedhof hinaus. Man kann die Grabkreuze sehen und hört die uralten Bäume rauschen. Wir Kinder meiden diesen Ort nach Möglichkeit, besonders nachts.

Der Friedhof ist auch mein erster Spielplatz. Hier öffnet Fritze M. die Grabkammern, holt die Gebeine heraus und spielt mit den Schädeln Fußball. Wie habe ich ihn bewundert und mich gleichzeitig gegraust. Er war viel älter als wir Kleinen und hat sich mächtig hervorgetan. So forderte er uns zum Beispiel auf, an seiner Lederhose zu riechen. Wenn wir uns dann niederbeugten, ließ er kräftig einen fahren und bog sich vor Lachen. Er hat uns immer wieder hereingelegt. Im ersten Kriegsjahr ist er gefallen.

Mit unseren Nachbarn, den Bodes, die sechs Kinder haben, sind wir auf das Innigste befreundet. Die Väter arbeiten zusammen auf dem Gaswerk, die Mütter verstehen sich bestens, und wir Kinder halten zusammen wie Pech und Schwefel. Trotz großer Armut ist es eine glückliche Zeit für uns. Einmal in der Woche dürfen wir die Badeeinrichtung des Gaswerkes benutzen. Zu dritt und zu viert planschen wir in der riesengroßen Badewanne und werden von Papa oder Herrn Bode kräftig abgeschrubbt.

Zwischen den beiden Wohnungen ist ein stetes Kommen und Gehen. Wo gerade der Tisch gedeckt ist, läßt man sich nieder und ißt mit. Eine Geschäftsfrau aus der Nachbarschaft bringt oft ihren Jungen, der verwöhnt und kränklich ist, zu Bodes zum Essen. »Füttern Sie ihn mal wieder mit durch«, bittet sie. Zu Hause mag er nicht richtig essen, aber bei Bodes am Tisch langt er bei der einfachsten Steckrübensuppe kräftig zu, als wäre es die köstlichste Speise der Welt.

Beim alten Waisenhaus haben wir mit den Bodes ein Stück Land, das von beiden Vätern gemeinsam beackert wird. Wir Kinder müssen die Steine auflesen, bevor gesät wird. Fünf Pfennig bekommen wir pro Eimer. Einen Sommer lang ernähren wir uns fast ausschließlich von Mangold. Mangoldgemüse, Mangoldsuppe, Mangoldauflauf. Mangold, bis er uns zum Hals heraushängt. Besonders gut schmecken die halbreifen Tomaten, die wir heimlich vom Busch stibitzen.

Diese Idylle findet ein Ende, als Bodes ausziehen. Die Nationalsozialisten haben ein Siedlungsprogramm aufgelegt, bei dem kinderreiche Familien billig ein Stück Bauland erwerben können. Herr Bode hatte sich beworben, und nun baut er auf eigenem Grund und Boden mit einem Staatsdarlehen an der Holtenser Landstraße für seine Familie ein Siedlungshäuschen. Papa wollte auch gern ein Stück Land erwerben, aber Mutter war strikt dagegen. Um nichts in der Welt will sie in einer Arbeitersiedlung wohnen. So hilft Papa nun Herrn Bode beim Hausbau. Der Tag des Umzugs ist noch in weiter Ferne, als schon reichlich Tränen fließen. Wir können uns ein Leben ohne Bodes überhaupt nicht vorstellen, und umgekehrt ist es ebenso. Als es dann aber soweit ist, packen alle kräftig an. Mit vier Handwagen pendeln die Großen viele Male die drei Kilometer zwischen den Wohnungen hin und her, bis der gesamte Hausrat transportiert ist. Bei der letzten Fuhre werden wir Kleinen obendrauf gesetzt. Am Abend bleiben wir da. Auf Kisten und Kartons verteilt, lassen wir uns die Steckrübensuppe schmecken.

Später werden wir Kleinen zu Bett gebracht. Zu zweit und zu dritt albern wir im Bett herum, während die Erwachsenen Einweihung feiern. Um uns zur Ruhe zu bringen, erzählt eins der älteren Geschwister Geistergeschichten. Ängstlich kuscheln wir uns aneinander, die Bettdecke bis an die Augen hochgezogen. »Wer hat mein goldenes Bein gestohlen«, fragt der Ritter gerade mit krächzender Stimme, als ein geisterhaftes Licht durch das Fenster fällt, an der linken Wand hochgleitet, über die Zimmerdecke schwebt und an der rechten Wand niedergeht. Voller Grauen ziehen wir uns die Decken über die Köpfe. Bodes Walterchen springt aus dem Bett. »Herr Kroamer, Herr Kroamer, Jespenster!« schreit er in panischer Angst und ist mit einem Satz wieder unter der Decke. Als mein Vater nach oben kommt, um uns zu retten, sind die Gespenster verschwunden. Beschwichtigend erklärt er uns, daß es keine Gespenster gibt, als die Erscheinung erneut auftaucht. Wand hoch, über die Decke, Wand runter. Schreiend fahren wir unter die Bettdecken. Papa lacht. »Kinder, Kinder, das sind doch keine Gespenster. Das ist der Scheinwerfer eines vorüberfahrenden Autos. Beruhigt euch.« Erleichtert tauchen wir wieder auf. Walterchen schämt sich. Das hätte er eigentlich wissen müssen. Aber dieses Fanal der modernen Zeit war noch nicht in den abgelegenen Winkel des Friedhofsweges vorgedrungen. Walters »Herr Kramer, Gespenster!« wurde zum geflügelten Wort in unserer Familie. Da trieben schon andere Gespenster ihr Unwesen, Gespenster aus Fleisch und Blut.

Sonntags morgens reitet Onkel Bernhard hoch zu Roß in unsere Gasse ein. Er ist der beste Freund meines Vaters, und Tante Marie, seine Frau, ist meine Patentante. Sie betreiben eine Gärtnerei in einem Dorf bei Göttingen. In dieser Gärtnerei konnte mein Vater während seiner Arbeitslosigkeit hin und wieder aushelfen. Das Obst und Gemüse, das er dann mit nach Hause brachte, hat uns vor der allergrößten Not bewahrt. Wir wurden oft eingeladen, dann konnten wir essen, was das Herz begehrte. Ein wahres Schlaraffenland für uns Kinder. Nur um den Schäferhund habe ich immer einen großen Bogen gemacht, nachdem er mich einmal gebissen hatte. Aber Tante Marie erklärte mir, ich sei selber schuld, man dürfe keinen Hund streicheln, der an der Kette liege und mit einem Knochen beschäftigt sei. Er würde glauben, ich wolle ihm den Knochen wegnehmen. Es war keine schlimme Sache, und die Tränen waren bald getrocknet. Diese Lehre habe ich nie vergessen, genausowenig wie das Vergnügen, wenn uns Onkel Bernhard vor sich auf das Pferd hob und wir eine Ehrenrunde drehen durften.

Mein bester Freund ist Helmut. Wenn wir nachmittags bei ihm spielen, kommt oft ein Onkel zu Besuch. Wir bekommen dann jeder fünf Pfennige, um uns bei Bäcker Sämann Brausepulver zu kaufen. Seine Mutter sagt, wir brauchten uns nicht zu beeilen. Wenn wir wiederkommen, ist der Onkel nicht mehr da. Eines Tages hören wir bei unserer Rückkehr laute, zornige Stimmen. Die Tür geht auf, und der Onkel verläßt fluchtartig die Wohnung, gefolgt von Helmuts Vater, der ihm einige Kleidungsstücke hinterherschleudert. Ein paar Wochen später ist Helmut nicht mehr da. Die Familie ist ausgezogen. Auf meine Fragen bekomme ich Antworten, mit denen ich nichts anfangen kann. Mein Freund war weg. Niemand wollte mir sagen, wohin er verschwunden war. Das war der erste schmerzliche Verlust in meinem Leben, den ich lange nicht verwinden konnte.

Und Sonja, meine Freundin. Wir wohnen nahe beieinander und sind fast täglich zusammen, meistens bei Sonja daheim. Dieses Zuhause hat für mich etwas Großartiges, Nobles. So empfand ich es damals, und auch in der Erinnerung hat sich dieser Eindruck nicht verändert. Sonjas Mutter war eine sehr liebenswerte, schöne Frau. Das Hausmädchen mit Spitzenhäubchen hat mich tief beeindruckt. Wir waren nur eine einfache Arbeiterfamilie, und entsprechend ging es bei uns zu. Sonjas Vater trat kaum in Erscheinung, er hielt sich meistens in seinem *Kontor* auf. Ich sehe ihn ganz klar vor mir. Überhaupt werden die Bilder immer klarer und deutlicher; ich sehe sie alle: den Vater, die Mutter, Lena und vor allem Sonja.

1937 werden wir gemeinsam eingeschult. Unsere Lehrerin ist eine glühende Verehrerin Adolf Hitlers. Als wir richtig schreiben können, muß die Klasse einmal im Monat an den Führer schreiben. Die Schülerin, die in Schönschreiben eine Eins hat, wird mit dieser Aufgabe betraut. Es gilt als besondere Auszeichnung. An den Text dieser Briefe kann ich mich nicht mehr erinnern, wohl aber an die Anrede: »Mein Führer«.

Die Klasse erhält vom Führer ein Bild mit eigenhändiger Unterschrift. Unsere Lehrerin weint vor Freude, als sie es im Klassenzimmer an die Wand hängt. Sie bekommt eine persönliche Einladung auf den Obersalzberg. Nach ihrer Rückkehr hängt sie ein weiteres Bild neben das Führerbild: Fräulein G. auf dem Obersalzberg, händeschüttelnd mit Adolf Hitler.

Wenn es Ferien gibt, müssen wir auf dem Schulhof antreten. Mit erhobenem rechten Arm werden die Nationalhymne und das *Horst-Wessel-Lied* gesungen. Sonja und einige andere Mädchen dürfen früher nach Hause gehen. Ich frage meinen Vater, warum Sonja und die anderen nicht an der Feier teilzunehmen brauchen. Er sagt mir, daß Sonja Jüdin sei und daß sie wohl aus diesem Grund nicht teilnehmen dürfe. Jüdin, was ist das?

Ein Jahr später ziehen wir um. Ich gehe weiter in meine alte Schule. Sonja und ich können uns nicht mehr so oft treffen, die Entfernung ist jetzt zu groß.

Eines Tages fehlt Sonja in der Schule. Ich denke, sie ist krank, und warte einige Tage ab, dann frage ich unsere Lehrerin. Sie sagt mir, daß Sonja nicht mehr wiederkommen wird. Nach der Schule renne ich, so schnell ich kann, zu Sonjas Wohnung. Auf mein Klingeln öffnet ein fremder Mann. Ich frage nach Sonja. »Das Judenpack ist ausgezogen«, sagt er unwirsch und schlägt die Tür zu.

Viele Monate später treffe ich Sonjas Mutter zufällig in einem Park. Ich laufe auf sie zu und bestürme sie mit Fragen. »Geh weiter, liebes Kind«, unterbricht sie meinen Redeschwall, »du wirst Schwierigkeiten bekommen, wenn du mit mir sprichst. Lena ist in London und Sonja in einem Kinderheim. Gott schütze dich.« Erst als sie sich abwendet, um weiterzugehen, bemerke ich den gelben Stern an ihrer Jacke. Von Sonja habe ich nie wieder etwas gehört. Das war der zweite schmerzliche Verlust meines Lebens.

In Karl-Heinz Manegolds Buch *Die jüdischen Bürger im Kreis Göttingen 1933–1945* finde ich folgenden Eintrag: »Sonja Wagner wurde am 3. Mai 1930 als Kind des Produktenhändlers Adolf Wagner und seiner Frau Hanna geboren. Sie wohnte in Göttingen: Weender Landstraße 40/42 (1930), Weender Landstraße 26 (1940), Obere Maschstraße 10 (1941–1942). Bald nach der ›Reichskristallnacht‹

wurde jüdischen Kindern per Gesetz der Besuch ›deutscher‹ Schulen untersagt. Zusammen mit 9 weiteren jüdischen Schülern nahm Sonja Wagner deshalb ab Januar 1940 am Privatunterricht des jüdischen Lehrers Heinz Junger teil, dessen Arbeit von der jüdischen Gemeinde getragen und von der Schulbehörde gerade noch geduldet wurde. Ostern 1941 mußte dann auch dieser Unterricht eingestellt werden. Von April bis Oktober 1941 lebte Sonja Wagner im jüdischen Kinderheim in der Großen Rosenstraße 22 in Kassel. Am 26. März 1942 wurde sie zusammen mit ihren Eltern von Göttingen aus deportiert. Sie gilt als unbekannt verschollen.«

Es gibt keinen Kastanienplatz, keinen Friedhofsweg und keinen alten Friedhof mehr. Alles ist abgerissen, planiert und dem Erdboden gleichgemacht. Das Geisteswissenschaftliche Zentrum der Universität wurde an dieser Stelle erbaut. Die alte Welt ist versunken und mit ihr Fritze M., Onkel Bernhard, Helmut und Sonja und all die anderen, die damals hier lebten.

3

Unser Einzug in der Gartenstraße wird von vielen beobachtet und kommentiert – hinter den Gardinen verstohlen, auf der Straße lautstark. Eine Horde von Kindern treibt sich vor dem Eingang herum. Johlendes Gelächter, als unser Klavier aus dem Umzugswagen gehoben wird: »Mensch, die bringen sogar einen Sarg mit.« Wo sind wir hier denn hingeraten? Die kennen ja nicht mal ein Klavier. Wir sind in ein Haus geraten, das in der Nachbarschaft boshaft *Kinderreichenhaus* genannt wird. Auf acht Mietparteien verteilen sich fünfundvierzig Kinder, wir vier mit eingerechnet. Wir vier, das sind meine Schwestern Gerda, Ruth, Margret und ich. Margret ist die Jüngste. »Ach, du wohnst im Kinderreichenhaus? Na, komm trotzdem rein, tritt die Füße ab und wasch dir die Hände, dann kannst du mit Hilde spielen.« Wir kriegen gleich einen Stempel aufgedrückt.

»Das fängt ja gut an«, sagt Mutter, aber sie ist glücklich und wirtschaftet herum. Welcher Luxus! Eine eigene Toilette, Badezimmer, zwei Balkone. Wir Kinder bekommen ein eigenes Zimmer, jedes ein eigenes Bett. Papa setzt sich ans Klavier und spielt den Einzugsmarsch und das Weserlied, Mutters Lieblingsstück: *Hier hab ich so manches liebe Mal mit meiner Laute gesessen.* Ja, Laute kann er auch spielen, außerdem noch Geige, Trompete und Orgel. Er spielt in der Kirche bei Hochzeiten und Kindtaufen.

Mutter erzählt, wie das Klavier in unsere Familie kam: »Am Tag unserer Hochzeit wurde ein Sack mit Papas Bett abgegeben, ohne Gruß, ohne Glückwunsch. Ein paar Tage später brachte eine Spedition das Klavier. Papas Eltern haben mit ihm gebrochen, als er mich geheiratet hat.« Wir sind empört. Was sind das für Menschen, die unserer Mutter so etwas antun? Unserer kleinen Mutter, die die Liebe in Person ist. Unsere Empörung ist Wasser auf ihre Mühlen. Sie gerät in Fahrt, wie immer bei diesem Thema. »Als wir jung verheiratet waren«, erzählt sie uns, »wollte ich gern mal nach Northeim fahren und das Grab meiner Großmutter besuchen, bei der ich lange gelebt habe. Wir gingen erst in ein Gartenlokal, um Kaffee zu trinken. Papa sah sich um und entdeckte seine Eltern, die ein paar Tische entfernt saßen. Sie hatten uns wohl schon hereinkommen sehen, denn sein Vater rief: ›Ober, zahlen.‹ Sie zahlten und rauschten hinaus, ohne uns eines Blickes zu würdigen.« Mutter stehen Tränen in den Augen. Unglaublich! Wir wissen noch nichts von Beamtendünkel und Borniertheit. »Ach Grete, laß doch die ollen Kamellen. Das haben wir doch längst ad acta gelegt.« Papa ist in bester Stimmung. Er hat Arbeit gefunden, auf dem Fliegerhorst. Unsere kleine Welt ist in Ordnung.

In diesem Taubenschlag Freunde zu finden, dürfte eigentlich nicht schwierig sein. Irrtum: wir werden abgelehnt, gehänselt. Das geht so weit, daß wir uns kaum aus dem Haus wagen. Jeder Gang zum Kaufmann birgt Gefahren in sich. Ständig liegt wer auf der Lauer. Bis mir eines Tages der Kragen platzt. Blind vor Wut stürze ich mich auf den Anführer und dresche auf ihn ein, bis ihm das Blut aus der Nase spritzt. Als er das Blut bemerkt, fängt er ganz fürchterlich an zu schreien. Die anderen biegen sich vor Lachen. Prima, daß es dem *Arsch* endlich mal einer gegeben hat. In den Fenstern gegenüber Kopfschütteln. »Mein Gott, die ist ja schlimmer als ein Bengel. Na, die passen in das Haus.« Ja, wir passen in das Haus, und ich bin endlich anerkannt. Das Klavier steht nicht mehr zwischen uns.

Am Abend gibt es dann aber doch ein Nachspiel. Die Mutter des geprügelten Jungen beschwert sich. So etwas möchte sie nicht noch einmal erleben, die blutbeschmierten Kleider, igitt! Papa wiegelt ab. »Was kann dieser kleine Käse hier schon gegen ihren kräftigen Bengel ausrichten. Das war doch nur ein Zufallstreffer. Ich bezahle natürlich die Reinigung.« Aber davon ist dann nicht mehr die Rede, als Mutter Kaffee anbietet. Endlich geht sie. »Na, Käse, da hast du dich ja gleich richtig eingeführt. Wie sagt doch unser großer Anstreicher, ach, pardon, Anführer: zäh wie Leder, hart wie Kruppstahl und flink wie Windhunde.« Mutter schließt das Fenster. »Mein Gott, nicht so laut, Hermann, der Arnold ist doch in der SA. Du redest dich noch mal um Kopf und Kragen.«

Am Abend kommen Onkel August und Tante Mariechen. Mal ein bißchen schnüffeln. Tante Mariechen ist Mutters Halbschwester. Mutter ist die Älteste von acht Geschwistern, und Großmutter hat sie mit in die Ehe gebracht. Als ich erwachsen bin, erzählt Mutter mir manches aus ihrer leidvollen Kindheit. Für ihren Stiefvater war sie das *Hurenbalg*. Er verlangte, daß sie vor der Hochzeit aus dem Haus kam, und so lebte sie bei ihren Großeltern in Northeim. »Aber das war für mich ein großes Glück. Ich hatte da ein richtiges Zuhause. Die beiden Alten mochten mich sehr gern, und ich liebte sie über alles. Dort habe ich ein paar unbeschwerte Jahre verbracht. Als dann ein Kind nach dem anderen kam, holte mich mein Stiefvater nach Hause, damit ich meiner Mutter zur Hand gehen konnte. Proteste meiner Großmutter nutzten nichts. Ich mußte alles stehen und liegen lassen, meine Habseligkeiten in ein Bündel schnüren, dann hob er mich auf den

Kutschbock, schnalzte mit den Fingern, und die Pferde zogen an. So ging es im Zuckeltrab Richtung Göttingen. Ich habe dir ja erzählt, daß mein Stiefvater Kutscher war.«

Onkel August betreibt einen ambulanten Textilhandel. »Falls du noch was brauchst, Grete, du weißt ja, ich bin mit kleinen Raten zufrieden«. Tante Mariechen begutachtet Mutters neuen Nähtisch, den Papa ihr zum Einzug geschenkt hat. »Ihr bringt es nie zu was. Immer großspurig. Nur Fürze im Kopp.« Da sitzt sie in ihrem Kittelkleid und packt für sich und Onkel August das mitgebrachte Butterbrot aus. Als meine Eltern sich später zur Ruhe legen, höre ich sie miteinander sprechen: »Ach Grete, das ist ja nicht zu fassen. Kein Kind, kein Kegel. Was machen die nur mit ihrem Geld? So ein armseliges Leben. Mein Gott, ist das alles ungerecht verteilt.«

1993: Onkel August ist vor ein paar Jahren gestorben. Tante Mariechen lebt noch. Sie ist inzwischen sechsundachtzig Jahre alt und nach einem Schlaganfall im letzten Jahr an den Rollstuhl gefesselt. Sie ist steinreich und trotzdem in den Genuß einer Sozialwohnung gekommen, weil sie auf dem Fragebogen nur ihre Mindestrente angegeben hat. Ein pensionierter Nachbar, der in einem Supermarkt aushilft, versorgt sie mit Lebensmitteln, bei denen das Haltbarkeitsdatum abgelaufen ist, umsonst natürlich. Vorige Woche hat eine Nachbarin ihr hundert Mark geschenkt. »Die arme Frau hat ja so wenig.« Ihre Kittelkleider hat sie gegen einen Jogginganzug eingetauscht, den meine Cousine abgelegt hat. Und heute sage ich, wie mein Vater 1938: »Mein Gott, ist das alles ungerecht verteilt.« Ich sage das in Erinnerung an das schwere Leben meiner Mutter, die nach den schrecklichen Kriegsjahren mit sechs Kindern zurückblieb und mit neunzig Mark Unterstützung im Monat auskommen mußte, bis sie sich endlich dazu durchringen konnte, meinen Vater für tot erklären zu lassen, um in den Genuß ihrer Rente zu kommen. Damals hätte Tante Mariechen die Chance gehabt, über sich selbst hinauszuwachsen.

4

Der Alltag ist eingekehrt. Wir haben uns schnell eingelebt, jedenfalls wir Kinder. Mutter hat da schon eher Schwierigkeiten. Ihr liegt es nicht, Bekanntschaften von Tür zu Tür zu schließen. Aber in so einem großen Haus muß man Konzessionen machen, um nicht als eingebildet angesehen zu werden. Die Berufspalette der Familienväter reicht vom Bahnarbeiter über Schneidermeister, Geiger im Orchester des Stadttheaters, Elektromeister, Angestellter bis hin zum Kohlenkutscher. Eine ziemlich gemischte Gesellschaft, mit der wir Kinder aber keine Probleme haben. Wir gehen bald überall ein und aus.

Auf dem Flur uns gegenüber wohnt die Familie des Schneidermeisters. Seine Werkstatt liegt zur Straße hin. Er sitzt im Schneidersitz auf seinem großen Tisch wie auf einem Thron und überblickt von da aus alles. Kalle, sein Geselle, hat ein lahmes Bein. Jeden Morgen kommt er bei Wind und Wetter mit dem Fahrrad aus seinem Dorf in die Stadt geradelt. Es ist schwierig für ihn, das Fahrrad in den Keller zu bugsieren. Zur Feierabendzeit liegen wir auf der Lauer. Kalle schwingt sein lahmes Bein vorsichtig die Kellertreppe hinunter, macht sich an seinem Fahrrad zu schaffen und singt: *Ich träume mit offenen Augen, ich träume, mein Liebling, von dir.* Wir fragen uns, von wem der wohl träumt, und halten von draußen die Kellertür zu. Da steht er nun, nachdem er sich mühsam mit dem Fahrrad die Kellertreppe heraufgearbeitet hat, vor der verschlossenen Tür und kann nicht vorwärts und nicht rückwärts. Der Lärm hat die Frau Meisterin auf den Plan gerufen, sie befreit ihren Kalle aus der hilflosen Lage. Aus gebührender Entfernung beobachten wir, wie Kalle endlich ans Tageslicht kommt und die schrecklichsten Drohungen gegen uns ausstößt. Das beeindruckt uns wenig, weil wir wissen, daß er uns mit seinem lahmen Bein nie folgen kann. Am Abend hält mir Papa einen Vortrag. Die Frau Meisterin hat wohl gepetzt. Er macht mir klar, daß es keine Heldentat ist, wenn man sich Schwachen gegenüber stark aufspielt. Ich schäme mich wirklich und verspreche ihm, mich nie wieder an solch schäbigen Aktionen zu beteiligen. Kalle ist später unser Freund geworden. Wir haben die Kellertür für ihn aufgehalten und oft sein Fahrrad aus dem Keller gewuchtet. Er hat es uns gedankt, indem er uns Äpfel aus seinem Dorf mitbrachte. Oder traute er uns nicht und wollte sich mit diesen Äpfeln freikaufen?

Eines Tages großes Geschrei in der obersten Etage. Das ganze Haus strömt zusammen und drängt sich auf der Treppe. »Hilfe, er will sich aufhängen«, schreit Frau Rink. Und dann: »Walterchen, Walterchen, mach doch die Tür auf.« Aber Walterchen denkt nicht daran. »Jetzt hänge ich mich auf«, schreit er zurück, und man hört – ritsch-ratsch – wie etwas zerrissen wird, anscheinend ein Bettlaken. Frau Rink verlegt sich aufs Bitten: »Mach doch auf, Walterchen, ich sage Papa ja nichts. Komm doch raus, ich koche dir auch Kakao.« Ob es nun der Kakao ist oder das Versprechen, Papa nichts zu sagen, bleibt ungeklärt. Walterchen öffnet jedenfalls die Tür, das zerrissene Bettlaken noch in der Hand, und wird von seiner Mutter stürmisch umhalst. Als sie die Menschenansammlung im Treppenhaus bemerkt, schließt sie schnell die Tür. Das Familiendrama ist für uns beendet. Später klärt uns Walterchen auf, wie man sich verhalten muß, um bei seinen Eltern etwas durchzusetzen. »Na ja«, sagt Mutter, »die gute Seele kommt aus Parensen, sie versteht es nicht besser. Die großen Bengels machen mit ihr, was sie wollen.« »Laßt euch so etwas nie einfallen«, sagt Papa, »sonst wackelt die Wand.« Bei uns hat oft die Wand gewackelt, aber aufgehängt hat sich keiner.

In diesem Haus ist ständig etwas los. Mutter ist außer sich über einen Vorfall, der sich vormittags im Keller abgespielt hat: Sie hört Geschrei und splitterndes Glas und beeilt sich, dem Verletzten zu Hilfe zu eilen. Der Anblick, der sich ihr bietet, entbehrt nicht der Komik. Die Frau des Schneiders steht auf der untersten Treppenstufe, die Arme voller Gläser mit Eingemachtem. Über ihr, wie ein Racheengel, Frau Beierle, die ihr rechts und links welche hinter die Ohren haut. »Da, da haste, du falscher Fuffzcher. Ich will dich helfen, Lügen über mir zu verbreiten.« Durch ihre Abwehrversuche rutschen der armen Frau die restlichen Gläser aus den Armen. Zwischen eingemachten Birnen, Himbeersaft und Scherben, die Arme schützend über den Kopf genommen, versucht sie, an der Rasenden vorbei die Kellertreppe zu erklimmen. Aber vergeblich, die andere steht wie ein Fels in der Brandung. Patsch, patsch. »Da haste.« Mutter zieht sich entsetzt zurück. Noch am Abend, als sie Papa die Geschichte erzählt, ist sie fix und fertig: »Ach Hermann, vielleicht war es doch falsch, hierherzuziehen. Man traut sich ja kaum vor die Tür.« Aber Papa sieht nur die komische Seite dieser Geschichte und lacht schallend. »Du hast gut lachen«, erbost sich Mutter, »du bist ja auch den ganzen Tag außer Haus. Der ständige Ärger bleibt an mir hängen.« Mutter kann sich nicht beruhigen. Als dann Frau Beierle eines Tages in unserem Vorgarten herumackert, vergeht auch Papa das Lachen. »Ta muß man sich ja schämen, wie das aussehen tut. Ihre Frau hat doch den ganzen Tach Zeit, und Ihre Kinder könnten auch mal anpacken. Ach, erzählen sie mich nichts«, weist sie Papas Vorhaltungen zurück. Ziemlich ratlos muß er das Feld räumen. Frau Beierle, von uns Kindern liebevoll Tante Anna genannt, ist die absolute Herrscherin im Haus, vor der selbst die Männer kuschen. Mutter konnte sich nie mit ihr anfreunden und ist ihr nach Möglichkeit aus dem Weg gegangen. Wir Kinder aber mochten sie. Ihre derben und mitunter zotigen Sprüche waren für uns das pralle Leben.

5

Ich bekomme den Auftrag, zur Möbelhandlung hinüberzulaufen und zu fragen, ob das bestellte Sofa schon eingetroffen ist. »Da müssen wir mal nachsehen«, sagt der Inhaber, ein alter Mann mit grauem Stoppelbart, »komm mal mit ins Lager.« Um viele Ecken und über schiefe Treppen führt er mich in das Möbellager und sieht sich um. »Nein, es scheint noch nicht eingetroffen zu sein. Aber sieh mal, dies ist ein ähnliches Sofa. Fühl mal, wie schön weich das ist.« Er läßt sich auf dem Sofa nieder und stellt mich zwischen seine Beine. Er drängt sein Stoppelkinn an mein Gesicht und fährt mit seinen behaarten Händen an meinen nackten Beinen hoch. Ich mag das nicht und winde mich aus seinen Händen. »Nun, nun, sei nicht so spröde«, sagt er und steht auf, um mich erneut zu packen. Ich laufe weg, finde aber in dem Gewirr von Räumen und Treppen so schnell den Ausgang nicht. Er holt mich ein und steckt mir eine Tafel Schokolade zu. »Du bist ein liebes Kind, sag aber zu Hause nichts. Komm in einer Woche wieder, dann ist das Sofa bestimmt da.«

Ich renne nach Hause. Von der Schokolade mag ich nichts essen, aber die anderen machen sich gleich darüber her. »So ein freundlicher Mann«, sagt Mutter, »wirklich kinderlieb«. Als ich nach einer Woche aufgefordert werde, erneut nachzufragen, weigere ich mich. Mutter ist ernstlich böse über meine Bockigkeit. Als sie Papa am Abendbrottisch davon berichtet, sieht er mich seltsam an und sagt: »Komm mal mit, Käse.« Ihm erzähle ich dann, warum ich nicht wieder hingehen mag. Er sagt, daß ich mich richtig verhalten habe und nie mehr hingehen dürfe. Viele Jahre später, als ich die Todesanzeige des Möbelhändlers in der Zeitung lese, fällt mir diese Episode wieder ein, und ich frage Mutter danach. Ja, sie erinnert sich genau an Papas Wut und Empörung und an ihre Ängste. Sie haben lange beraten, was nun zu geschehen habe. Auf der einen Seite ein angesehener Geschäftsmann, auf der anderen Seite ein siebenjähriges Kind. Und dann die Zeiten, wo man schon bei einem geringeren Vergehen abgeholt wurde und auf Nimmerwiedersehen verschwand. Das wollten sie nicht auf sich nehmen. Papa ist schließlich hingegangen und hat mit dem Mann gesprochen. Der wollte erst alles leugnen, hat aber dann klein beigegeben, als Papa ihm klarmachte, was mit ihm passiert, falls er Anzeige erstattet. Er hat hoch und heilig geschworen, sich Kindern in dieser Form nie wieder zu nähern. Vielleicht hat die Angst vor Entdeckung seinem Treiben ja wirklich ein Ende gemacht. Auf jeden Fall waren die Nachrufe auf den Mann sehr eindrucksvoll.

6

Gerda kommt ganz verstört nach Hause. Menschenauflauf in der Roten Straße. SA-Leute haben weiträumig abgesperrt. Aus einer Wohnung im zweiten Stock wird Hausrat aus dem Fenster geworfen. Tische, Stühle, Schränke brechen beim Aufschlagen auseinander. Federbetten werden aufgeschlitzt, daß die Federn wie Schneeflocken durch die Luft wirbeln. Ein SA-Mann auf einem Lastwagen zieht einen Damenschlüpfer über seine Uniformhose und vollführt einen obszönen Tanz. »Jude verrecke«, brüllt er. »Mutter, das war der Kröbel aus dem Ebertal, ich habe ihn genau erkannt.« Mutter kennt die Familie. Der Alte ist Trinker. Er prügelt seine Frau, und vier von acht Kindern sind Hilfsschüler.

»Oh mein Gott, wo führt das noch hin, wenn solche jetzt das Sagen haben.« Als Papa nach Hause kommt, erzählt er, daß noch weitere jüdische Geschäfte und Wohnungen demoliert worden sind. Die ganze Stadt wimmele von SA und SS. »Wenn das der Führer wüßte!« Gerda ist seit kurzem im BDM. »Ja ja, Gerda, wenn er das wüßte, aber er ist ja weit weg.« Papa ist so seltsam. »Ich weiß nicht, Grete, es liegt etwas in der Luft. Heute im Dienst wurde so allerlei gemunkelt. Trotz der Freude, endlich wieder in Lohn und Brot zu stehen, bleibt doch irgendwie ein mulmiges Gefühl. Wenn man nur wüßte, wo die Reise hingeht, ob er den Karren tatsächlich aus dem Dreck zieht oder ob er ihn noch weiter hineinzerrt. Wenn ich mir diese Ausschreitungen so betrachte: da kann doch nichts Gutes bei herauskommen. Ach, ich weiß wirklich nicht.«

Mitten in der Nacht Schreie auf der Straße: »Feuer, Feuer, die Synagoge brennt!« Mutter verbietet uns, hinauszugehen, aber wir lassen uns nicht halten. Stiefel poltern die Treppe hinunter, wir schließen uns an. Auf dem Wall sehen wir schon den Feuerschein durch die Bäume, es riecht verbrannt. Im Näherkommen hören wir das Prasseln des Feuers. Die Flammen schlagen haushoch. Wir stehen am Abhang des Essig-Walles in einer Menschenmenge und schauen gebannt auf dieses grauenvolle Schauspiel. Menschen kommen aus der brennenden Synagoge und schleppen ihre Bündel, angetrieben von SA-Männern. Ruth schreit auf: »Mein Gott, das ist ja Lissy Asser. Sie geht in meine Klasse.« Die Menschen werden auf einen Lastwagen getrieben, auf dem schon andere Leidensgenossen hocken. Die Kette der absperrenden SA öffnet sich, und der Wagen setzt sich ruckartig in Bewegung. Alle purzeln durcheinander, sie halten sich gegenseitig fest. Eine Giebelwand stürzt ein. Die SA-Männer bringen sich in Sicherheit. Starker Funkenflug kommt direkt auf uns zu, die Menge stiebt auseinander. »Laßt uns gehen, ehe die Bäume Feuer fangen.«

7

Papa hält sich jetzt abends oft im Keller auf. Wir dürfen dann nicht hinunter. Ich schleiche mich aber doch mal an und höre ihn hämmern, pfeifen und fluchen. Anscheinend hat er sich mit dem Hammer auf den Finger gehauen. Geheimnisvolles Treiben. Mutter erzählt uns derweil Geschichten, ihr Vorrat ist unerschöpflich. Sie hebt und senkt die Stimme, flüstert, wenn es besonders spannend wird, und hält uns in Atem. Wir hängen an ihren Lippen. Durch den Türspalt schaut plötzlich eine Kasperlepuppe, macht einen Moment lang Faxen und ist schon wieder verschwunden. Habe ich geträumt? Aber die anderen haben sie auch gesehen. Wir stöbern durch die Wohnung, landen vor der verschlossenen Stubentür und rütteln an der Klinke. Eine tiefe Stimme von innen: »Wer da?« Wir antworten vor Schreck nicht. Dann wieder die Stimme: »Die Weihnachtsstube darf niemand betreten, ehe das Glöckchen läutet.«

Wir versammeln uns wieder um den Tisch, und Mutter erzählt weiter. Später kommt Papa dazu. Ich frage ihn, wer wohl die Kasperlepuppe bekommt. Kasperlepuppe? Er weiß von nichts. Gerda wünscht sich eine Ziehharmonika. »Ja, Großes, wünschen kannst du sie dir ja, aber du weißt doch, wir müssen sparen. Vielleicht später einmal.« Mutter zwinkert Gerda zu. Was soll man nun glauben? Aufregende Zeit. Die Tür bleibt verschlossen. Durch das Schlüsselloch sieht man nichts. Herrliche Düfte durchziehen die Wohnung. Die großen Blechdosen füllen sich mit Leckereien. Wir dürfen einmal kosten, bevor die Dosen in der Weihnachtsstube verschwinden.

Abends wird viel gesungen. Mutter hat eine wundervolle Stimme, Papa begleitet am Klavier. Wir Kinder singen auch ganz ordentlich, und so klingen die schönen alten Weihnachtslieder mehrstimmig durch das Haus. Bis auf *Stille Nacht, Heilige Nacht*, das darf nur am Heiligen Abend gesungen werden. Eines Abends Applaus im Treppenhaus. Einige Hausbewohner haben sich dort versammelt und andächtig gelauscht. »Mir war lange nicht so weihnachtlich«, sagt ein Mann, der sonst immer mürrisch durch die Gegend läuft. »Ihr ßeid mich ja wohl wie die Trapp-Familie«, meint Tante Anna und betupft ihre Augen mit dem Schürzenzipfel. In der Adventszeit ist sogar sie gnädig gestimmt.

Dann ist es endlich soweit, das Glöckchen erklingt. Wir stehen erwartungsvoll in unseren Sonntagskleidern vor der Tür des Weihnachtszimmers, Mutter, selbst wie ein Kind, mitten unter uns. Sie öffnet die Tür, und wir sind wie geblendet vom strahlenden Weihnachtsbaum. Papa sitzt am Klavier und spielt *Stille Nacht, Heilige Nacht*. Wir singen alle Strophen. Währenddessen wandern unsere Augen einmal rundum.

Da steht wahrhaftig eine chromblitzende Ziehharmonika. Gerda kann vor Aufregung nicht weitersingen. Auch die Kasperlepuppe dreht sich lustig an einer Schnur, die an der Lampe befestigt ist. Aber sie ist für Margret bestimmt. Und dann steht da ein Kaufmannsladen, größer als ich. Ein Tresen, dahinter eine Wand mit Schubfächern, in denen alles vorhanden ist, was man verkaufen kann. Zucker, Salz, Nudeln, Mehl, bunter Puffreis in Gläsern, kleine Tüten, eine Waage mit Gewichten, eine Kasse mit Spielgeld, die beim Kassieren klingelt. Ich bin sprachlos und fange sofort an, abzuwiegen und die kleinen Tüten zu füllen. Ruth bekommt ein Fahrrad, ein gebrauchtes zwar, aber es funkelt wie neu. Dann gibt es für jeden noch Unterwäsche, außen glänzend, innen angerauht, warme Hausschuhe und einen bunten Teller.

Wir überreichen den Eltern unsere Geschenke, alles selbstgemacht. Für Mutter gehäkelte Topflappen und für Papa selbstgestrickte Socken von den beiden Großen. Ich habe für Mutter eine Knopfschachtel aus buntem Glanzpapier gebastelt und für Papa ein Bild gemalt. Auf diesem Bild marschiert ein Trupp Soldaten aus der Stadt, die Häuser sind mit Hakenkreuzfahnen behängt, am Himmel kreisen Flugzeuge, die Bäume haben keine Blätter, die Blumen schwarze Blüten und die Sonne weint Tränen. »Mein Gott, Käse, was hast du dir denn dabei gedacht?« Ich weiß es nicht. »Na, hoffentlich ist das kein böses Omen«, höre ich ihn zu Mutter sagen. »Ach Hermann, sag so was nicht, mit uns geht es jetzt aufwärts.« Papa ermahnt uns Kinder, nur ja immer von Herzen dankbar zu sein für all das Gute und daran zu denken, daß es vielen Menschen nicht so gut geht wie uns. Mutter hat ein Essen vorbereitet, und wir versammeln uns um den Tisch, nicht ahnend, daß es unser letztes gemeinsames Weihnachtsfest sein wird.

8

Ostern steht vor der Tür, aber vorher feiern wir noch Gerdas Konfirmation. Tante Mariechen kommt, um Mutter beim Kuchenbacken zu helfen. Riesige Bleche werden zu Bäcker Linnhose geschleppt. Wir müssen alle mit anfassen. Die Verwandtschaft ist mit Kind und Kegel eingeladen. Die Wohnung ist ein Blumenmeer. Jeder, der Blumen abgibt, bekommt ein Paket Kuchen, das ist so Sitte. Gerda sieht süß aus und stolziert in ihren ersten Seidenstrümpfen unsicher auf Stöckelschuhen. Abends wird musiziert. Papa setzt sich ans Klavier und begleitet Gerda, die ihre Ziehharmonika spielt. Sie hat bei Frau Bohnewald Unterricht und spielt schon recht gut. Anschließend wird gesungen. Onkel Fernand trägt sein Lieblingslied vor: *Und dann saß ich mit der Emma uff der Banke.* Es wird immer lustiger, woran sicher das Faß Bier, das der Kutscheropa zwar gebracht, aber nicht spendiert hat, nicht unschuldig ist. Es ist ein gelungenes Fest: Alle sind glücklich und zufrieden, jedenfalls scheint es so. Gerda hat schöne Geschenke bekommen, für die Aussteuer, wie es sich gehört. Von Tante Mariechen und Onkel August drei Geschirrhandtücher. Papas Kommentar: »Na, Grete, die haben sich ja besonders angestrengt.« Diese armselige Gabe wird ausgeglichen durch die schöne, goldene Armbanduhr von Lieblingsonkel Fernand.

Am nächsten Tag beginnt für Gerda der Ernst des Lebens. Sie muß ihr Pflichtjahr bei einem Bauern in Ischenrodc ablcisten. Viele Tränen beim Abschied. Das erste Mal weg von daheim. Sie ist so klein und schmächtig. Mutter ist in großer Sorge, ob sie das durchsteht, aber Papa beruhigt sie: »Die werden so ein Kind sicher nicht überfordern. Ich werde mit dem Bauern sprechen.« Er begleitet Gerda zum Dienstantritt.

Aber dann kommt es viel schlimmer, als Mutter es sich ausgemalt hatte. Gerda muß um fünf Uhr in der Frühe aufstehen, den Stall ausmisten und die Tiere füttern. Dann folgt Hausarbeit. Die beiden gleichaltrigen Töchter rühren keinen Finger, lassen sich bedienen. Gerda muß sogar deren Schuhe putzen. Als Papa zwei Wochen später nach dem Rechten sieht, findet er Gerda abgemagert und in Tränen aufgelöst im Waschhaus bei der großen Wäsche. Ganz allein steht sie dort in ihren Holzpantinen am Waschbrett, kaum zu erkennen in den Dampfschwaden, weint sie vor sich hin. Papa bekommt eine Mordswut und nimmt sie sofort mit nach Hause. »Das ist doch nicht zu glauben, Grete, die eigenen Töchter dick und fett von Speck und Schmalz, und lassen dieses abgemagerte Kind wie einen Sklaven schuften. Denen sollte man sofort das Handwerk legen.« Papa ist außer sich.

Sein Wunsch ging, wie wir später erfuhren, tatsächlich in Erfüllung. Seine Beschwerde bei der zuständigen Stelle war nicht die erste. Dem Bauern wurden danach nie mehr Pflichtjahrmädchen zugewiesen. Die neue Stelle in Bernshausen am Seeburger See begutachtet Papa vorab, ehe er zustimmt.

9

Es finden immer häufiger Luftschutzübungen statt, auch in der Schule. Wenn während des Unterrichts die Schulglocke anhaltend läutet, bedeutet das: Probealarm. Die Schüler sind angewiesen, den Keller aufzusuchen und sich links und rechts an den Wänden auf die Bänke zu setzen. Dann werden die Stahltüren geschlossen. Über uns blubbern die Wasser- und Heizungsrohre, es ist nur eine Notbeleuchtung eingeschaltet. Wir finden alles ganz lustig, aber auch beklemmend. Ein Lehrer stimmt ein Lied an, schließlich singen wir alle.

Die Bevölkerung wird aufgefordert, die Dachböden zu entrümpeln und im Keller einen Schutzraum einzurichten. Mutter jammert: »Wo sollen wir denn bloß mit all dem Krempel hin? Ich wollte beim Umzug vieles gleich wegwerfen, aber Papa konnte sich mal wieder von nichts trennen.«

Es bleibt uns gar nichts anderes übrig, als von Tante Anna den großen Bollerwagen zu leihen und mehrere Fuhren auf den Lappenberg zu bringen. Den anderen Familien ergeht es ähnlich. Das ist ein Gewusel und Geschimpfe auf dem großen Dachboden, aber der Luftschutzwart steht unerbittlich daneben und ist erst zufrieden, als alle Bretterverschläge vollkommen geleert sind. Dann schleppen einige Männer eine Sandkiste und mehrere Wassereimer hinauf. An der Wand befestigen sie eine Feuerpatsche.

Ein paar Tage später werden die Keller hergerichtet. Alles Überflüssige wird entfernt, um Platz für Sitzgelegenheiten zu schaffen. Die anderen Familien haben große Kellerräume, uns stehen nur zwei kleine zur Verfügung, der eine davon ist ein Kohlenbunker. Mutter ist verzweifelt: »Der Keller ist doch viel zu klein für uns alle. Wir müssen uns ja übereinanderstapeln. Mein Gott, Hermann, nun sag doch auch mal was!«

Aber Papa ist in diesen Tagen nicht sonderlich gesprächig. Wenn er angesprochen wird, gibt er oft gar keine Antwort, so als habe er überhaupt nicht zugehört, als horche er in sich hinein und warte auf etwas. Als dann Lebensmittelkarten an die Bevölkerung ausgegeben werden und alles rationiert wird, ist allen klar, was Papa längst geahnt hat – der Krieg steht unmittelbar bevor.

10

Papa bekommt sofort seine Einberufung. Schon am zweiten September muß er in der Kaserne sein. Am Abend vorher – erster Kriegstag, eine Sondermeldung jagt die andere – versammeln wir uns zum letzten Mal um den Abendbrottisch. Papa nimmt uns ins Gebet. Eindringlich schildert er den Ernst der Lage und fordert uns auf, uns stets anständig zu benehmen und vor allen Dingen Mutter, die es jetzt besonders schwer habe, in jeder Form zu unterstützen. Wir versprechen es ihm in die Hand. Am nächsten Morgen ist es soweit. Papa nimmt seinen Koffer. »Käse, du kannst mich begleiten.« Ich gehe ein letztes Mal an Papas Hand und bringe ihn zur Kaserne. Der Weg ist nicht weit. Wir sprechen fast nichts. Hin und wieder drückt er meine Hand. Dann sind wir da. Er läßt mich los und sagt: »Nun geh schön nach Hause, Käse.« Langsam geht er die Treppe hinauf. Vor der Tür dreht er sich noch einmal um und winkt.

Die Schulen sind vorübergehend geschlossen. Wir hängen zu Hause rum und bewegen uns auf Zehenspitzen, da Mutter krank im Bett liegt. Sie ist ziemlich geschwächt und muß sich alle naselang übergeben. Nachdem Doktor Fleischmann sie untersucht hat, eröffnet er uns, daß wir im kommenden März noch ein Kind kriegen. »Nun seid besonders lieb zu eurer Mutter«, ermahnt uns der alte Sanitätsrat, »sie ist jetzt ganz auf euch angewiesen.«

Wir möchten Mutter am liebsten in Watte packen. Nach ein paar Tagen hat sie die Krise überwunden, und der Tagesablauf normalisiert sich. Aber wie sehen unsere Tage aus ohne Papa? Überall fehlt er. Wir sind unseres Mittelpunktes beraubt.

Verdunkelungsvorschriften. Kein Licht darf nach außen dringen. Wir behelfen uns vorerst mit Wolldecken und prüfen von außen, ob alles dicht ist. Manchmal vergessen wir es. »Licht aus!« schreit jemand auf der Straße. Verängstigt löschen wir alle Lampen und sitzen im Dunkeln. Es dauert ein paar Tage, bis wir an allen Fenstern Verdunkelungsrollos angebracht haben. Bei der nächsten Luftschutzübung beanstandet der Luftschutzwart, daß wir noch keine Gasmasken haben, und trägt Mutter auf, sofort welche zu besorgen. Er kommt ein paar Tage später vorbei, überprüft die Fenster und unterweist uns im Tragen der Gasmasken. Ich sperre mich und bekomme Erstickungsanfälle. Niemals werde ich so etwas tragen, schwöre ich mir insgeheim.

Unsere Straße ist stockdunkel. Nur vereinzelt hört man Passanten durch die Dunkelheit tappen. Einige tragen Leuchtplaketten am Revers. Das sieht aus, als tanzten Glühwürmchen. *Glühwürmchen, Glühwürmchen flimmere*, singen wir hinter ihnen her.

II

Ostersonnabend 1940. Wir haben einen kleinen Bruder, wahrhaftig einen Bruder. Da liegt er frisch gewickelt in seinem Körbchen, das die Hebamme, Schwester Käthe, mit kleinen gelben Osterküken besteckt hat. Mutter geht es gut, sie strahlt. Wie wird Papa sich freuen. Endlich der so lang ersehnte Stammhalter. Wir können uns gar nicht von dem Körbchen trennen, er ist so süß. Die kleinen Händchen fahren unruhig hin und her, die Augen sind geschlossen. Eine lebende Puppe. Margret ist skeptisch. »Der hat ja einen Eierkopp«, stellt sie fest und wendet sich von ihm ab. »Dann paßt er ja in die Jahreszeit«, meint Schwester Käthe.

Als er später gestillt wird, verläßt Margret schreiend das Zimmer. Wir finden sie weinend in einer dunklen Ecke und können sie kaum beruhigen. »Der beißt Mama ja das ganze Rindfleisch weg«, heult sie und weigert sich, wieder mit ins Zimmer zu kommen.

Große Freude! Papa ist auf Urlaub gekommen. Auch Gerda hat drei Tage von ihrem Bauern frei bekommen, und so sind nach Monaten mal wieder alle zusammen. Papa sieht schick aus in seiner Uniform, aber er hat sofort Zivilkleider angezogen. Es ist alles so wie früher. Der Krieg ist in weite Ferne gerückt. Wir sitzen um Mutters Bett herum und streiten uns, welchen Namen der Junge bekommen soll. Ich bin für Peter, Mutter ist für Helmut. Aber Papa entscheidet: »Jürgen soll er heißen.« Und dabei bleibt es dann natürlich.

Ehe Papa wieder weg muß, nimmt er uns noch einmal ins Gebet. Anständig bleiben, Mutter helfen und vor allem sorgsam mit Jürgen umgehen, ja nicht fallenlassen, ihm nichts in den Mund stecken. Sonst »wackelt die Wand«. Mutter beruhigt ihn unter Tränen. Und dann ist er wieder fort.

Mit diesem Bengel haben wir von Anfang an unsere Schwierigkeiten. Als er anfängt zu laufen, dürfen wir ihn nicht mehr aus den Augen lassen. Sobald er ohne Aufsicht ist, macht er sich selbständig und verschwindet. Sein Freiheitsdrang ist nicht zu bremsen. Merken wir, daß alle Türen offenstehen, ist es meistens zu spät, er ist mal wieder auf und davon. Wir schwärmen aus, um ihn einzufangen. Einmal erwischen wir ihn splitternackt auf der Bürgerstraße. Aber dann ist er eines Tages ganz und gar verschwunden. Wir suchen und suchen, er bleibt unauffindbar. Mutter ist außer sich. Es bleibt uns gar nichts anderes übrig, als zur Polizei zu gehen und eine Vermißtenanzeige zu erstatten. Wir trauen unseren Augen nicht, als wir die Wachstube betreten: Da sitzt er quietschvergnügt auf dem Schoß eines Polizisten, ein Butterbrot in der Hand und trinkt Kakao aus der Thermosflasche.

»Wir haben ihn erst mal richtig angezogen«, sagt der Wachtmeister, »der hatte ja den Hosenschlitz hinten.« Als er das nächstemal durchgebrannt ist, gehen wir gleich zur Polizei. Und da hockt er auch prompt wieder und bedient sich aus der Brotdose des Polizisten. Wir müssen ihn noch öfter von der Polizeiwache abholen. Er ist dort Stammgast geworden, wohl so eine Art Maskottchen. Papa schreibt: »Vor allen Dingen paßt auf Jürgen auf. Das ist ja ein Bärenbengel, der läuft auch noch mal sonstwohin.«

Um seinen Freiheitstrieb ein bißchen einzudämmen, meldet Mutter ihn im Kindergarten an. Zuerst macht er Schwierigkeiten. Er ist ein richtiges Muttersöhnchen und geht ihr nicht vom Schürzenband. Der Kindergarten liegt unserem Haus direkt gegenüber. Wenn die Kinder im Garten spielen, steht er am Zaun und schaut zu unseren Fenstern herüber. Sowie sich einer von uns blicken läßt, fängt er an zu weinen. »Bißken Maamaa koom«, jammert er uns an. Mutter zerreißt es fast, aber sie bleibt hart. Sie meint, er braucht zu unserer Weiberwirtschaft unbedingt eine Alternative. Schließlich geht er dann ganz gern. Morgens bekommt er seine Brottasche umgehängt, und dann marschiert er los. Vorsichtshalber beobachten wir ihn in der ersten Zeit, ob er auch den Kindergarten direkt ansteuert oder sich eventuell Richtung Polizeiwache absetzt. Aber unsere Befürchtungen sind unbegründet, diese Phase hat er überwunden.

Jürgen macht sich gern fein, behängt sich mit Ketten und allerlei Plunder. Eines Morgens, kurz nach seinem Abmarsch, klingelt die Kindergärtnerin bei uns. Mutter ist erschrocken. »Ist er wieder abgehauen?« Nein, das nicht. Schwester Ursel bringt nur das Mutterkreuz zurück, mit dem er sich heute feingemacht hatte. Ohne daß Mutter etwas gemerkt hätte, muß er das Kreuz an seidenem Band aus der Schatulle genommen und sich um den Hals gehängt haben. Stolz erschien er damit im Kindergarten und ließ sich bewundern.

Die Nationalsozialisten ehrten die Mütter mit der Verleihung solcher Kreuze. Für drei Kinder gab es das bronzene, ab vier Kindern das silberne und ab sechs Kindern das goldene Kreuz. Die Verleihung fand in feierlichem Rahmen am Muttertag statt. Fahnengeschmückter Saal, hohe Parteifunktionäre, viele Ansprachen, in denen die Mütter als Vorbilder gepriesen wurden.

Als Mutter ihre Einladung zur Verleihung des Mutterkreuzes bekommt, steht für sie fest, daß sie nicht hingeht.

Ohne triftigen Grund kann man der Veranstaltung aber nicht fernbleiben. Also muß mal wieder unser guter, alter Sanitätsrat herhalten, der Mutter bescheinigt, daß sie krank und bettlägerig ist. »Nie im Leben nehme ich an so etwas teil, Herr Doktor, man kommt sich ja vor wie eine Zuchtkuh, die prämiiert wird.«

Noch heute höre ich das schallende Lachen unseres Hausarztes. Das Kreuz wird ihr dann zu Hause überreicht. Nie hat sie es getragen, während sich andere Frauen Broschen davon machen ließen und es am Revers trugen, stolz darauf, dem Führer so viele Kinder geschenkt zu haben. Mutters Kreuz lag in der untersten Kommodenschublade, wo Jürgen es aufgestöbert hat. So ist es denn wenigstens einmal zu Ehren gekommen. Als Papa auf Urlaub kommt und Mutter ihm die Geschichte erzählt, muß auch er herzlich lachen. Aber das Lachen vergeht ihm bald. Die Katastrophe ist da. Jürgen will von ihm nichts wissen. Er versteckt sich hinter Mutters Rock. »Wann geht der fremde Mann wieder weg?« flüstert er Mutter zu.

12

Ich habe die Aufnahmeprüfung für die Mittelschule bestanden. Beim Rechnen hatte ich Schwierigkeiten, aber im Aufsatz habe ich eine Eins bekommen.

»Sehr schön geschrieben, mit viel Phantasie«, steht mit roter Tinte darunter. Mutter ist zufrieden, und als Papa das nächste Mal auf Urlaub kommt, kann ich ihm schon die ersten Sätze aus dem neuen Englischbuch vorlesen: »*The man has a hat*« und »*The man has a cat*«.

»Na, Käse, das geht schon ganz gut, aber dein *th*, da hapert es noch. Nicht *se man*, sondern *the man*, *the*, *the*, immer schön die Zunge vorn an die Zähne legen.« Wir üben das *the*, bis er zufrieden ist.

Am nächsten Tag will er meine Klassenlehrerin sprechen und mich anschließend von der Schule abholen.

»Zieh' aber deine Uniform an«, verlange ich kategorisch. Mutter schüttelt mißbilligend den Kopf.

»Was fällt dir ein? Bist du verrückt geworden? Papa ist froh, wenn er die Uniform ein paar Tage in den Schrank hängen kann. Soweit kommt das noch.«

Aber Papa lacht. Am nächsten Tag führe ich ihn stolz zum Lehrerzimmer. Er hat natürlich seine Uniform angezogen und den langen Degen umgeschnallt. Toll sieht er aus, das finden auch meine neuen Freundinnen. Bis auf Inge. Ihr Bruder ist Panzerkommandant und hat vor kurzem das Ritterkreuz verliehen bekommen.

»Vier feindliche Panzer hat er abgeschossen. Der Führer hat ihm das Ritterkreuz persönlich um den Hals gehängt«, trumpft sie auf. Da kann ich natürlich nicht mithalten. Was ist ein Degen gegen ein Ritterkreuz?

Als wir durch die Stadt nach Hause gehen, wird Papa

ständig von Soldaten gegrüßt und muß zurückgrüßen. Ich merke, wie lästig ihm das ist. Daheim angekommen, zieht er sich sofort um. In Zivilkleidern sieht er nur halb so gut aus. Mutter ist da anderer Ansicht.

Papa lacht wieder. »Was tut man nicht alles, um die Eitelkeit von so einer kleinen Kröte zu befriedigen.«

Gegen Ende des Urlaubs gehen Papa die Zigaretten aus. Mutter hebt zwar immer ihre Ration für ihn auf, aber die hat sich längst in Qualm aufgelöst. »Geh doch zu Lina«, sagt Mutter, »da bekommst du bestimmt ein paar. Die raucht selber und hat immer Vorrat.« Papa zögert, er geht nicht gern zu ihr. Tante Lina ist eine frühere Kollegin von Mutter. Sie haben zusammen in der Leineweberei gearbeitet. Mit ihren drei Töchtern wohnt sie am Stadtrand in einem Siedlungshaus. Ihr Mann ist an der Front. Papa schwingt sich auf sein Fahrrad. Die Aussicht auf ein paar Zigaretten läßt seinen Widerwillen schwinden. Schon nach kurzer Zeit ist er zurück.

»Hast du ein Rennen veranstaltet?« empfängt Mutter ihn. »Das war seltsam«, antwortet er, »ich habe Männerstimmen gehört, bevor ich geklopft habe. Es hat eine Ewigkeit gedauert, ehe Lina die Tür aufgeschlossen hat. Es war nur eine Freundin da, obwohl vier Gläser auf dem Tisch standen und die Aschenbecher überquollen. Sie hat mir eine Schachtel *Eckstein* in die Hand gedrückt und gesagt: ›Grüß Grete schön‹, und schon war ich hinauskomplimentiert. Ich bin fest davon überzeugt, daß Männer in der Wohnung waren. Und Otto ist an der Front. Das sind ja herrliche Perspektiven: Die Männer tragen ihre Haut zu Markte, und die Frauen amüsieren sich derweil in der Heimat. Mein Gefühl hat mich mal wieder nicht betrogen. Ich mag sie nicht, und daß du mit ihr verkehrst, gefällt mir nicht.« »Nun mach aber mal 'nen Punkt!« Mutter ist empört. »Was heißt denn hier verkehren? Sie besucht mich hin und wieder, und was sie sonst treibt, weiß ich nicht. Und schließlich ist nichts bewiesen, vier Gläser auf dem Tisch und volle Aschenbecher, was bedeutet das schon? Vielleicht hatte sie ein Kränzchen, und die anderen Frauen waren schon gegangen.« »Schönes Kränzchen«, Papa ist verärgert, »du mußt sie nicht in Schutz nehmen. Ich sage dir, da waren Männer, ich habe es gerochen.« »Nun vergiß es«, beruhigt Mutter, »wir wollen uns die letzten Stunden nicht mit solchen Geschichten vergällen. Das ist die Sache nicht wert.«

Als Papa wieder fort ist, kommt Tante Lina zu Besuch. Ich spitze die Ohren, will wissen, ob Papa recht hatte. »Grete, was für eine Situation. Hat Hermann was gemerkt?« »Ja, sicher hat er was gemerkt«, erwidert Mutter empört, »was machst du nur? Dein Otto ist doch auch an der Front!« »Ja, das ist er«, sagt Lina hart, »aber du weißt, wie unser Zusammenleben zuletzt war. Es war keine Ehe mehr. Nie Geld, nicht genug zu essen für die Kinder; geschlagen hat er mich und ständig Weibergeschichten. Jetzt geht es uns gut, ich bekomme seinen Sold, habe das erste Mal eigenes Geld und muß nicht um jede Mark betteln. Ich hasse ihn, und ich bete, daß er nie wiederkommt. Jetzt habe ich Jean, er ist Franzose, Kriegsgefangener, ich liebe ihn. Ich weiß, was passiert, wenn mich jemand denunziert, aber das ist mir egal. Wenn der Krieg aus ist, wollen wir heiraten, und ich ziehe nach Paris. Er hat dort eine Kohlenhandlung.«

Mutter ist sprachlos. »Lina, wohin versteigst du dich! Paris, Kohlenhandlung. Und deine Kinder? Nimmst du sie mit nach Paris? Wird dein Jean das wollen? Und Otto?

Was wird er dazu sagen?« »Der kommt nicht wieder, das fühle ich.« »Da verlaß dich besser nicht drauf«, höre ich Mutter sagen.

Als die Amerikaner einrücken, lassen sie sofort die Kriegsgefangenen frei. Jean Boulière ist unter den ersten, die in ihre Heimat zurückkehren. Lina hat ihre Koffer gepackt und wartet auf Nachricht, daß sie nachkommen soll. Aber die Monate gehen ins Land, und ihr Jean meldet sich nicht, ist im großen, fernen Paris verschollen. Weinend sitzt Lina bei Mutter am Tisch und versucht sich am Pendelspiel. Der Ehering wird, an einem Zwirnsfaden hängend, über die Bibel gehalten. Man stellt seine Frage. Gerät der Ring in Schwingung, erfüllt sich der Wunsch. Bewegt sich der Ring nicht, ist es aussichtslos. Voller Anspannung fragt sie: »Kommt Jean Boulière zurück?« Der Ring rührt sich nicht. Sie wiederholt ihre Frage einige Male, kein Erfolg. Dann fragt sie: »Kommt Otto zurück?« Der Ring beginnt zu pendeln, schwingt weit aus, hin und her. »So ein Hokuspokus.« Ärgerlich wirft sie ihren Ehering auf den Tisch. Hokuspokus hin, Hokuspokus her, Jean Boulière bleibt verschollen, und Otto kehrt unversehrt aus dem Krieg heim.

13

Eine ältere Schülerin hat Aufnahmeformulare für den BDM in unserer Klasse verteilt. Wir sollen sie zu Hause ausfüllen, von den Eltern unterschreiben lassen und am nächsten Tag wieder mitbringen. »Ich gebe euch Bescheid, wann ihr euren Dienst antreten müßt«, sagt sie beim Einsammeln der Formulare. Zwei Wochen später fordert sie uns auf, am Sonnabend um fünfzehn Uhr auf die Schillerwiesen zu kommen, möglichst in Uniform. Ich habe noch keine Uniform. Ich bitte Mutter, mit mir in die Stadt zu gehen und eine zu kaufen, aber sie weigert sich. »Dafür gebe ich kein Geld aus. Wenn die bestimmen, daß ihr in die Hitlerjugend eintreten müßt, sollen sie euch auch einkleiden.« Sie läßt sich nicht erweichen, Betteln und Tränen nützen nichts. Meine Freundin hat ihre Uniform schon. »Komm mal rauf, ich will dir was zeigen«, ruft sie. Sie dreht sich nach allen Seiten, damit ich sie auch ordentlich bewundern kann. »Sieht die nicht schick aus?« Ja, sehr schick. Aber was soll ich nur machen? Wie komme ich an eine Uniform? Im Dirndlkleid möchte ich nicht zum Dienstantritt gehen. Gerda hilft mir. Sie gibt mir ihre Kletterweste, die mir aber viel zu groß ist, und einen blauen Rock, den ich auf die passende Länge umsäume. Eine weiße Bluse habe ich selber. Sie entspricht zwar nicht der Vorschrift, hat Rüschen am Ärmel, aber unter der Uniformjacke sieht man das ja nicht.

Am Sonnabend holt mich meine Freundin ab. Sie wirft einen Blick auf meine Aufmachung, sagt aber nichts. Stolz schreitet sie neben mir her, in tadelloser Uniform, weiße Bluse, an blauem Rock festgeknöpft, knapp sitzt die Kletterweste. Ich habe Mühe, mit ihr Schritt zu halten. Alle naselang muß ich stehenbleiben und die Bluse in den Rock stopfen, der mir viel zu weit ist. Ich habe mir zwar einen Lederriemen um den Bauch geschlungen, aber das nützt nicht viel. Die Ärmel der Jacke bedecken meine Hände. »Schlag doch wenigstens die Ärmel um, das ist ja ein Anblick für die Götter«, sagt Hilde. Dumme Ziege.

Auf der Schillerwiese wimmelt es von BDM-Mädchen. Auf Pfiff treten sie an, formieren sich zu Gruppen in Dreierreihen und bilden ein Karree. Rechts neben den Gruppen stehen die Führerinnen. Jede Gruppe hat ihren eigenen Wimpel. Wir Neuen stehen in lockerem Haufen herum. Die Führerinnen treten vor und rufen Namen auf. Die aufgerufenen Mädchen treten zu ihrer Gruppe. Eine Führerin tritt in die Mitte. An ihrer Uniformjacke baumelt eine grün-weiße Kordel, sicher ist sie ein *hohes Tier*. Sie heißt uns willkommen und sagt, wie stolz wir sein können, nun in die Reihen der Hitlerjugend aufgenommen zu werden. Die Uniform sei das Ehrenkleid der deutschen Jugend. Wir sollen sie in Ehren tragen, wie unsere tapferen Soldaten, die ihr Leben für uns lassen, um unser Vaterland zu verteidigen. Unsere Probezeit betrage sechs Monate. In dieser Zeit müßten wir durch strenge Pflichterfüllung beweisen, daß wir in Treue fest zu unserem Führer stehen. Wenn wir uns tadellos führen, bekämen wir nach Ablauf der Probezeit Schlips und Knoten verliehen. Dann stimmt sie ein Lied an: *Nichts kann uns rauben Liebe und Glauben zu unsrem Land. Es zu erhalten und zu gestalten, sind wir gesandt. Mögen wir sterben, unseren Erben gilt dann die Pflicht, es zu erhalten und zu gestalten. Deutschland stirbt nicht.*

Es klingt schön. Die Mädchen singen zweistimmig. Das gefällt mir. Dann heißt es: »Rechtsum, im Gleichschritt

Marsch.« Wir marschieren den Hainholzweg hinunter, vor jeder Gruppe eine Wimpelträgerin. Ein Lied, drei, vier: *Wir lieben die Stürme, die brausenden Wogen.* Das Lied kenne ich, da kann ich schon mitsingen. Wir marschieren am Stadtpark und am Theater vorbei, die Franz-Seldte-Straße hinunter und biegen in die Straße der SA ein. Auf dem Marktplatz ist Endstation. Wir stellen uns im Karree auf, und die Grün-Weiße tritt in die Mitte. »Wir singen zum Abschluß das Lied: *Deutschland, heiliges Wort.*« Da kann ich nicht mitsingen, ich kenne das Lied nicht, noch nicht. Aber dafür singen Passanten mit, die einen Kreis um uns gebildet haben. Als das Lied verklungen ist, hebt die Führerin ihren rechten Arm. Die Arme der Mädchen schnellen ebenfalls nach oben. »Unserem geliebten Führer, Adolf Hitler, ein dreifaches ›Sieg Heil, Sieg Heil, Sieg Heil‹.« Damit sind wir entlassen.

Ich gehe jetzt zweimal in der Woche zum »Dienst«, mittwochs und sonnabends nachmittags. An diesen Tagen bekommen wir keine Hausaufgaben. Meine Schaftführerin heißt Helga, ist sechzehn Jahre alt und Schülerin des Lyzeums. Unsere Schaft zählt fünfzehn Mädchen. Helgas Eltern haben ihr Gartenhaus zur Verfügung gestellt, das ist unser »Heim«. Es steht sogar ein alter Kanonenofen drin, da werden wir im Winter nicht zu frieren brauchen. Aber jetzt ist noch Sommer, und wir sitzen im Kreis auf dem Rasen vor der Laube. Helga liest Geschichten vor, Heldensagen und über die alten Germanen, oder sie erzählt von den Kolonien, Deutsch-Südwest, Deutsch-Ostafrika. Ein Buch mit eingeklebten Bildern wird herumgereicht, Lettow-Vorbeck, der Held mit seinen tapferen Askaris im Kampf gegen die Engländer. Lieder müssen wir lernen, viele Lieder, damit wir beim Marschieren durch die Stadt mitsingen können. Als erstes lernen wir das Lied der Hitlerjugend:

Vorwärts, vorwärts schmettern die hellen Fanfaren,
Vorwärts, vorwärts, Jugend kennt keine Gefahren.
Ist das Ziel auch noch so hoch,
Jugend schafft es doch.
Unsere Fahne flattert uns voran.
In die Zukunft ziehn wir Mann für Mann.
Wir marschieren für Hitler durch Nacht und
durch Not.
Mit der Fahne der Jugend für Freiheit und Brot.
Unsre Fahne flattert uns voran.
Unsre Fahne ist die neue Zeit.
Unsre Fahne führt uns in die Ewigkeit.
Unsre Fahne ist mehr als der Tod.

Sonnabends treffen wir uns im Jahnstadion und trainieren für die Reichsjugendwettkämpfe. Das macht Spaß. Laufen, Weitsprung, Hochsprung, Kugelstoßen, Werfen. Wir trainieren wirklich hart, bis auf ein paar Mädchen, die dem Sport nichts abgewinnen können. Die sitzen meistens irgendwo in der Ecke, haben Bauchschmerzen oder andere Wehwehchen.

Im Herbst gehen wir das erste Mal auf Fahrt. Wir marschieren über Weende nach Deppoldshausen, den »Affen« auf dem Rücken, das Kochgeschirr baumelt an der Seite. Singend marschieren wir los, aber hinter Weende verstummen die Stimmen allmählich. Es geht bergauf. Querfeldein kraxeln wir auf die Deppoldshäuser Wiesen zu.

Der Bauer, in dessen Scheune wir übernachten dürfen, empfängt uns mit einem Glas Milch, kuhwarm. Helga teilt die Arbeiten ein: Nachtlager im Heu bereiten, Holz sammeln, Feuerstelle bauen. Als es dunkel wird, machen wir ein Lagerfeuer. Die Bäuerin spendiert Schmalzbrote, und Helga bereitet einen großen Topf Apfeltee zu. Wir sitzen um das Lagerfeuer herum, essen Brote und trinken den Tee aus dem Deckel unseres Kochgeschirrs.

Ich zähle die Sterne, die immer deutlicher aus dem dunkler werdenden Himmel hervortreten. Sie flimmern, als wären sie ständig in Bewegung. Über dem Wald geht der Mond auf. Helga greift zur Gitarre: *Der Mond ist aufgegangen, die goldnen Sternlein prangen am Himmel hell und klar, der Wald steht schwarz und schweiget, und aus den Wiesen steiget der weiße Nebel wunderbar*, singt sie mit ihrer dunklen Stimme. Das Geplauder der Mädchen ist verstummt. Wir lauschen dem Lied und schauen auf den Mond, der voll und schwer über dem dunklen Wald hängt. Es ist frisch geworden, die kühle Nachtluft dringt durch unsere Trainingsanzüge. *Ade zur guten Nacht* singen wir zum Abschluß und kriechen unter die warmen Decken.

Es ist noch nicht ganz hell, als wir vom Krähen der Hähne geweckt werden. Erst beim Waschen an der Pumpe im Hof werden wir richtig munter, bespritzen uns mit dem eiskalten Wasser. Anschließend Morgenappell. Fingernägel vorzeigen, die Schuhe müssen blank geputzt, die Zöpfe ordentlich geflochten sein.

Zum Frühstück hat die Bäuerin einen großen Topf Haferflocken mit Milch spendiert. Wir essen trockenes Brot dazu und trinken kalten Apfeltee, der vom Abend übriggeblieben ist. Dann wird der Tagesplan besprochen. Wir wollen durch den Wald zur Plesse wandern und die alte Burgruine besichtigen. Singend marschieren wir vom Hof. Am Waldrand löst sich die Gruppe auf. Leise pirschen wir durchs Unterholz, vielleicht sehen wir ja Rehe, hoffentlich keine Wildschweine. Helga erklärt uns die Vogelstimmen, ein Specht hämmert laut, wir scheuchen einen Hasen auf.

Am Burgberg kommen wir ins Schwitzen, es geht ziemlich steil bergan. Im Burghof läßt Helga antreten. Ursel, Anni und ich bekommen Schlips und Knoten verliehen. Wir haben uns bewährt. Jetzt gehören wir richtig dazu. Nach der Verleihung setzen wir uns im Kreis nieder. Helga erzählt von den Raubrittern, die die Bauern ausgebeutet und Reisende überfallen und ausgeplündert haben. Aber das ist lange her. Heute ist so etwas nicht mehr möglich, schon gar nicht, seitdem unser Führer Adolf Hitler die Geschicke des Reiches lenkt. Seitdem herrscht Ordnung im Land. Einer steht für den anderen ein, Klassenunterschiede gibt es nicht mehr, alle Volksgenossen sind gleich, es zählt nur die Treue zu Adolf Hitler. Wie ein monotoner Singsang geht die Stimme an meinem Ohr vorbei. »Auf, marsch, marsch, genug ausgeruht«, scheucht Helga uns hoch. Wir kraxeln den Berg hinunter und wandern zurück durch den Wald. Als wir auf die Wiesen hinaustreten, formieren wir uns wieder. Ein Lied, drei vier: *Auf du junger Wandersmann*, singen wir und marschieren stramm zur Scheune zurück.

»Wir haben Hunger, Hunger, Hunger, haben Durst«, brüllen wir, während Helga in der Feuerstelle Holz aufschichtet. Zwei Mädchen holen Wasser von der Pumpe und gießen es in den Kochtopf, den Helga von zu Hause mitgebracht hat. Während das Wasser zu sieden beginnt, krümelt sie die Erbswurst hinein. Ich mag eigentlich keine Erbswurstsuppe, aber diese schmeckt ganz gut. Wir brokken Brot hinein, damit sie ein bißchen dicker wird.

Langsam müssen wir unsere Sachen zusammenpacken, wir haben noch einen weiten Weg vor uns. Die Wolldekken werden eingerollt und wie eine Wurst um den »Affen« geschnallt. Sauber harken wir das Heu zusammen, tragen die Steine der Feuerstelle zurück auf den Haufen. Helga wirft einen Blick rundum, alles in Ordnung.

Querfeldein machen wir uns auf den Heimweg. Das Gepäck ist heute schwerer als beim Hinmarsch, die Kochgeschirre klappern bei jedem Schritt. Wir marschieren bis zum Marktplatz, stellen uns noch einmal im Kreis auf und singen zum Abschied *Es dunkelt schon in der Heide, nach Hause laßt uns gehn*.

»War es schön?« fragt Mutter. Sie schüttelt die Wolldecke über der Balkonbrüstung aus. Ich hole eine Bürste, das Heu hängt fest in der Decke. Sie duftet nach Wald, Wiese und Blumen und auch ein bißchen nach Kuhstall. Ja, es war sehr schön.

Beim nächsten Heimnachmittag stellt Helga uns Gundel vor. Sie wird ab sofort unsere Schaft führen. Helga hat höhere Aufgaben zugewiesen bekommen, sie ist Scharführerin geworden und leitet jetzt die Sing- und Spielschar. Wir sind traurig, wir mögen Helga gern. Unser schönes Heim, das Gartenhaus, müssen wir auch räumen. Ein Blick auf Gundel genügt, und ich weiß: Die mag ich nicht.

Unsere Heimnachmittage finden jetzt in einem Kellerraum in Gundels Elternhaus statt. Sie hat zwar versucht, den dunklen Raum mit bunten Kissen und Decken zu verschönern, aber es bleibt ein Keller, der muffig nach Kohlen und alten Kartoffeln riecht. Musizieren dürfen wir hier auch nicht, und singen schon gar nicht. Beim ersten Lied kommt ihre Mutter angerannt. »Kinder, nicht so laut, die Nachbarn haben sich schon beschwert. Singt doch ein bißchen leiser.« So ein Blödsinn. Sollen wir unsere Lieder flüstern? Gundel erzählt auch Geschichten, aber nicht so schöne wie Helga. Keine Sagen und Märchen. Sie erzählt von dem Hitlerjungen Herbert Norkus, der von roten Schergen ermordet wurde, und von Horst Wessel, dem jungen SA-Mann, den hinterrücks Feinde der Bewegung gemeuchelt haben. Zu diesen Geschichten müssen wir die passenden Lieder lernen: *Als die goldne Abendsonne sandte ihren letzten Schein, zog ein Regiment von Hitler in das kleine Städtchen ein. Traurig klangen ihre Lieder durch die kleine stille Stadt, denn sie trugen ja zu Grabe einen Hitlerkamerad.*

Nach einer Stunde im Keller läßt sie uns vor dem Haus antreten. »Achtung, stillgestanden.« Wir knallen die Hakken zusammen. »Augen geradeaus. Rechtsum. Im Gleichschritt marsch.« Und sie läßt uns marschieren, marschieren, stundenlang marschieren.

Der Sport am Sonnabend macht nun auch keinen Spaß mehr. Helga hat alle Übungen mitgemacht, aber Gundel steht nur da und kommandiert uns herum. Niemand kann sich mehr in die Ecke setzen. »Auf, auf, ihr Drückeberger«, scheucht sie die Mädchen, »bewegt eure müden Knochen.« Marschieren und Drill, das ist alles, was sie kann.

Mich ödet das so an, daß ich einfach nicht mehr zum Dienst gehe. Ich weiß, daß ich mich strafbar mache, Dienst ist Pflicht, ist wichtiger als Schule. Wer ohne Entschuldigung fernbleibt, kann von der Polizei abgeholt werden. Nach drei Wochen erhalte ich eine schriftliche Aufforderung, mich in der Gau-Dienststelle in der Schlageterstraße einzufinden. Jetzt bekomme ich es aber doch mit der Angst zu tun. Abends gehe ich zu Helga und erzähle ihr alles. Sie findet es nicht gut, daß ich sechsmal den Dienst geschwänzt habe, aber sie läßt mich nicht im Stich und verspricht, mich zum Gau zu begleiten.

Zitternd stehe ich am nächsten Tag vor dem Dienstgebäude und warte auf Helga. Endlich kommt sie. »Beruhige dich, den Kopf wird es nicht gleich kosten«, sagt sie, als wir das Haus betreten. Mir klopft das Herz vor Angst. Uniformierte laufen durch die Gänge, die Türen stehen offen, Schreibmaschinen klappern, eine Männerstimme brüllt etwas ins Telefon. Helga trägt einem Uniformierten unser Anliegen vor. »Aha«, sagt er mit strengem Blick auf mich, »Warten!« Als mein Name aufgerufen wird, fühle ich mich ganz klein, wie ein Däumling. Eine hohe Führerin sitzt hinter dem Schreibtisch. »Nimm Platz«, sagt sie zu Helga. Ich muß stehenbleiben. Sie fragt mich, warum ich sechsmal unentschuldigt dem Dienst ferngeblieben bin. Ich weiß gar nicht, was ich sagen soll. Mit allem, was ich zu meiner Verteidigung vorbringen könnte, würde ich Gundel in die Pfanne hauen. Ich druckse herum, finde keine Worte. Die Tür geht auf, ein Mann tritt ein. Er trägt eine Uniform, halb Hitlerjunge, halb SA-Mann. »Um was geht es hier?« fragt er Helga. Sie erstattet Bericht. Er fängt sofort an zu toben, fragt mich, ob er mir wohl Flötentöne beibringen müsse. Die Führerin hinter dem Schreibtisch mischt sich ein: »Laß gut sein, Hans, ich werde mit der Sache schon allein fertig.« Gott sei Dank verläßt er den Raum wieder. Ich werde auch rausgeschickt, soll auf dem Flur warten. Was Helga dann zu meiner Verteidigung vorgebracht hat, weiß ich nicht. Als ich wieder ins Zimmer gerufen werde, eröffnet mir die Führerin, daß ich zur Strafe Schlips und Knoten wieder abgeben muß. Wann ich die Insignien zurückbekomme, hängt davon ab, ob mein Verhalten in Zukunft keinen weiteren Anlaß zu Tadel bietet.

Im übrigen werde ich ab sofort der Sing- und Spielschar überstellt. Ich soll mich am nächsten Mittwoch pünktlich um fünfzehn Uhr bei Helga zum Dienst melden. Die Führerin steht auf und hebt den rechten Arm: »Heil Hitler«. Ich grüße vorschriftsmäßig zurück und bin entlassen. »Warte draußen auf mich«, sagt Helga. Erleichtert gehe ich vor dem Haus auf und ab, bis Helga kommt. Ich will ihr danken, aber sie wehrt ab. »Laß gut sein. Ich erwarte von dir, daß du in Zukunft deine Pflicht tust und pünktlich zum Dienst erscheinst.« Das verspreche ich ihr hoch und heilig. Ehrenwort.

14

Meine Schwester Gerda hat einen Freund, Sösi. Er ist bei der Marine-HJ. Schick sieht er aus in seiner blauen Uniform, und er ist sehr nett. Gerda nimmt mich mit zum Kiessee, wo sein Fähnlein mit Schlauchbooten Krieg spielt. Abends steht er auf dem Wall an der dicken Linde und pfeift *Stern von Rio*. Da Gerda nicht gleich hört, wird Margret aufmerksam: »Gerda, der blaue Stern von Rio pfeift, hörst du das denn nicht?«

Mutter fordert Gerda auf, ihren Freund vorzustellen. Sie mag ihn auf Anhieb, und es dauert nicht lange, bis wir auch seine Familie kennenlernen. Sein Vater, für uns bald Onkel Willy, ist Obermeister der Bäckerinnung und betreibt zusammen mit seinem Schwiegervater, Opa Heise, eine Bäckerei im Walkemühlenweg. Wir Kinder und auch Mutter gehen dort bald ein und aus. Als Papa das nächste Mal auf Urlaub kommt, macht auch er die Bekanntschaft der Bäckerfamilie. In seinem nächsten Brief schreibt er: »Ich freue mich, daß Du Dich so eng an Familie Heise/Sösemann angeschlossen hast. Es ist für mich ein beruhigendes Gefühl zu wissen, daß Du so nette Menschen in Deiner Nähe hast.« Tante Änne, Sösis Mutter, und seine Tante Liesbeth sind für den Laden zuständig, unterstützt von der Verkäuferin Elly. In der Backstube regiert Opa Heise über den Gesellen Karl, den französischen Kriegsgefangenen Jacques und zwei Lehrlinge. Oma Heise steht dem großen Haushalt vor. Dabei helfen ihr das Hausmädchen Loni und zwei polnische Zwangsarbeiterinnen. Sösis Bruder Gerdi ist zwei Jahre älter als ich, und es ist nicht allein der Kuchen, der mich anlockt, wie der Honig die Biene. Er ist Fähnleinführer im Fanfarenzug Frundsberg, und ich habe ihn schon oft von weitem bewundert, wenn sein Fähnlein trommelnd durch die Stadt marschierte, ohne zu ahnen, daß ich ihm einmal so nahe kommen würde. Gerdi aber hat kein Auge für mich. Er ist zwar nett zu mir, das ist aber auch alles.

Einmal in der Woche gehe ich zur Bäckerei zum Markenkleben. Die Brotmarken der Kunden, die in einem großen Karton gesammelt werden, müssen auf Bögen geklebt und beim Amt für Lebensmittel abgegeben werden. Danach wird der Bedarf an Mehl und Fett für die Bäckerei ermittelt. Ehe ich mit dem Aufkleben beginne, gibt es Kakao und Kuchen. Ich darf mir im Laden etwas aussuchen: Schillerlocken, Windbeutel, eine Rumkugel oder einen Amerikaner.

Zu den Mahlzeiten versammelt sich die ganze Hausgemeinschaft um den riesigen Tisch in der Küche. Jacques, der Franzose, genauso wie die beiden polnischen Mädchen. Jeder hat seinen Platz. Opa Heise teilt aus. Einmal habe ich sechzehn Personen gezählt. Loni schäkert mit Jacques, aber das unterbindet Oma Heise. Jacques schmunzelt. Er denkt sicherlich an die dunkle Ecke hinter der Kellertreppe, wo ich die beiden schon einmal überrascht habe. Wenn Loni auf allen Vieren laut singend die obere Treppe wischt, steht Jacques unten und kann sich nicht von dem Anblick trennen. Bis eines Tages Tante Liesbeth dazukommt und empört feststellt, daß Loni keine Schlüpfer trägt. Na, da ist vielleicht was los! Es gibt Zunder. Opa Heise nimmt seinen Jacques in Schutz. Was kann er dazu, wenn das Mädchen ohne jede Scham ist. Oma Heise knöpft sich Loni vor. Falls das noch einmal vorkommt, kann sie sofort gehen. Einige Nachbarn haben ohnehin schon Anstoß daran genommen, daß der Franzose und die

Polinnen bei den Mahlzeiten mit am Tisch sitzen. Aber da ist Opa Heise giftig geworden. »Das cheht Sie überhaupt nichts an. Wer für mich arbeitet, ißt auch an meinem Tisch, merken Sie sich das!« Und nun so was, keine Schlüpfer, das geht zu weit. Loni bekommt noch eine Chance, aber sie muß jeden Morgen ihre Röcke lupfen und zeigen, daß sie anständig angezogen ist.

Als sich diese Aufregung gelegt hat, sorgt Natascha, eine der Polinnen, für neuen Ärger. Tante Liesbeth erwischt sie im Badezimmer, als sie sich mit Tante Liesbeths Zahnbürste die Zähne putzt. Sie verlangt von Oma Heise, Natascha sofort ins Lager zurückzuschicken. Aber die weigert sich entschieden. »Das kommt überhaupt nicht in Frage«, weist sie ihre Tochter zurecht, »kauf dir eine neue Zahnbürste, und überlaß Natascha deine alte. Kannst du denn nicht verstehen, daß ein junges Mädchen sich gern sauber halten möchte?«

So waren die beiden Heises. Nach alter Handwerkstradition gehörten alle im Haus zur Familie, egal ob Franzose oder Polin.

Der Kontakt zu Jacques ist nie abgebrochen. Er hat nach dem Krieg in seiner Heimatstadt Paris eine Bäckerei eröffnet. Onkel Willy und Tante Änne haben ihn besucht. Auch Jacques ist später noch einmal mit Frau und Kindern nach Göttingen gekommen, um seiner Familie die deutschen Freunde vorzustellen und zu zeigen, wo er die Kriegsjahre verbracht hatte. Er hat auch nach Loni gefragt, aber die war längst verheiratet.

15

Ich bin in den Schulchor aufgenommen worden. Zur Prüfung unserer Stimmen sitzt der Musiklehrer zerstreut am Flügel und läßt die mehr oder weniger melodischen Ergüsse über sich ergehen. Als ich anfange zu singen, merkt er auf, schaut mich an, nickt. Er läßt mich das ganze Lied zu Ende singen. Dann sagt er: »Nun sing mal *bi to gu so la fe ni bi.*« Ich starre ihn verständnislos an, was will er denn? »Na gut, sing mal *c d e f g a h c.*« Er schlägt die Töne auf dem Flügel an und schraubt sich von Oktave zu Oktave höher. Mühelos erreiche ich das dreigestrichene C. »Sehr schön«, sagt er, »du kannst bei den Sopranstimmen mitsingen. Der Chor probt donnerstags in der letzten Stunde.«

Ich singe gern im Chor. Bei einigen Stücken darf ich bald die Solo-Oberstimme übernehmen. Das hindert mich aber nicht daran, mich an jedem Schabernack, der gegen *Paulchen* gerichtet ist, zu beteiligen. In seiner zerstreuten Künstlerart fordert er uns geradezu heraus. Singend und deklamierend geht er durchs Schulgebäude, immer in höheren Regionen schwebend. Wir freuen uns diebisch, wenn er impulsiv vom Flügel aufspringt, um etwas an der Tafel näher zu erläutern, und wir seines Hosenbodens ansichtig werden, der das Muster des Rohrstuhls trägt, den wir mit weißer Kreide präpariert haben. Ahnungslos lacht er mit uns, freut sich über unsere Heiterkeit. Mit dem weißgemusterten Hosenboden läuft er zur Gaudi der Schülerinnen so lange in der Schule herum, bis ihn ein Kollege auf den Grund der Heiterkeit aufmerksam macht. Als wir ihm eines Tages einen großen Radiergummi aufs Pult legen mit dem Spruch »Gut geeignet zum Reinigen von Papierkragen«, geht ihm wohl der Spaß zu weit. Er beschwert sich beim Rektor, und die Missetäter müssen anrücken. Ich bin auch dabei. Es gibt ein großes Donnerwetter. Wir sind zu weit gegangen. Zerknirscht bitten wir Paulchen um Verzeihung. Er versteht die Welt nicht mehr, er meint es doch so gut mit uns, und das stimmt auch. Künstler bis in die Fingerspitzen, steht er uns Banausen ziemlich hilflos gegenüber.

Der Chor probt »Das Lied von der Glocke«. *Fest gemauert in der Erden, steht die Form, aus Lehm gebrannt*, heißt es bei Schiller. Ich weiß nicht mehr, wer die Musik dazu geschrieben hat, aber ich kann die Glocke heute noch von vorne bis hinten singen. Als wir das Stück einstudiert haben, geben wir ein Schulkonzert, zu dem auch die Eltern eingeladen sind. Kurz darauf werden die Göttinger Kirchenglocken beschlagnahmt. An der Johanniskirche hat sich eine große Menschenmenge versammelt. Alles schaut nach oben. Die erste Glocke schwebt langsam abwärts. Ich stehe wie gebannt und lausche auf die Gespräche der umstehenden Erwachsenen. »Die gehen in die Rüstungsindustrie. Es werden Kanonenkugeln draus gemacht.«

Sie bewegt sich, schwebt. Freude dieser Stadt bedeute, Friede sei ihr erst Geläute, klingt es in mir. Was passiert wohl, wenn ich das jetzt laut singe? Diese Glocke wird nie mehr läuten. Eingeschmolzen und zu Kugeln gegossen wird sie häßliche Töne von sich geben, und mit jedem Knall wird ein Mensch getötet. Die Glockenabnahme hat mich tief beeindruckt, ich träume sogar davon. In meinem Traum reißt das Seil, die schwere Glocke stürzt herab und bricht in tausend Stücke. Von den Splittern getroffen, fallen die Menschen um und sind tot. Schreiend wache ich auf.

Heute frage ich mich, warum unser Musiklehrer gerade in der Zeit, als im ganzen Reich die Glocken beschlagnahmt wurden, dieses Stück einstudiert hat. Wenn ich an die Passagen denke: *Nichts Heiliges ist mehr, es lösen sich alle Bande frommer Scheu, der Gute räumt den Platz dem Bösen, und alle Laster walten frei*, oder: *Doch mit des Geschickes Mächten ist kein ew'ger Bund zu flechten, und das Unglück schreitet schnell*, kann ich nur mutmaßen, daß es seine Art von Protest war. Damals haben wir das nicht verstanden. Seltsam, daß niemand Anstoß genommen hat.

16

Als die deutsche Wehrmacht im Juni 1940 Paris eingenommen hatte, wurde die Bevölkerung aufgefordert, drei Tage lang zu flaggen. Auf Befehl des Führers läuteten an diesen Tagen fünfzehn Minuten lang alle Glocken des Reiches. Jetzt sind die deutschen Soldaten in Rußland einmarschiert.

»Krieg mit Rußland, wenn das man gutgeht«, höre ich den Vater meiner Freundin zu seiner Frau sagen, »an dem Land ist schon Napoleon gescheitert.« Sie macht ihm ein Zeichen und deutet dabei mit dem Kopf auf mich. Als ich Mutter davon erzähle, will sie es kaum glauben. »So kann man sich täuschen«, sagt sie, »ich dachte immer, Herr Kröger sei ein Tausendprozentiger. Du vergißt das am besten wieder. Sprich mit niemandem darüber.«

Die Bevölkerung wird aufgerufen, Ausrüstungsgegenstände für die Truppen in Rußland zu sammeln, besonders Pelze, Decken, Stiefel und Skier, sogar Flaschen. Das versteht nun niemand. Was machen die mit den vielen Flaschen? Die Weihnachtsferien werden um ein paar Tage verlängert, damit die Schüler sich an der Sammlung beteiligen können.

Im Handarbeitsunterricht werden für die Soldaten in Rußland warme Socken, Handschuhe und Pulswärmer gestrickt. Ich gebe mir alle Mühe, das Stricken zu erlernen, aber ich schaffe es nicht. Die anderen stricken schon an ihrem zweiten Paar Socken, während ich immer noch an meinem ersten herummache. Über den Rand, zwei rechts, zwei links, komme ich nicht hinaus, immer wieder muß ich aufribbeln und neu anfangen. Die ursprünglich helle Wolle sieht schon ganz grau und schmuddelig aus.

Meine Lehrerin will es nicht glauben, daß ein Mädchen nicht stricken kann. Schließlich muß ich einmal in der Woche nachmittags bei ihr antanzen. Ich liebe diese Nachmittage. Es gibt Tee und Kekse, und bei nettem Geplauder versucht sie, mir das Stricken beizubringen. Nach ein paar Wochen muß sie einsehen, daß ich gerne Stricken lernen will, schon ihr zuliebe, aber es fruchtet nichts. Über den Rand, zwei rechts, zwei links, komme ich auch jetzt nicht hinaus. Resigniert gibt sie die Stricknachmittage auf und eröffnet mir, daß sie mir in Handarbeit leider eine Fünf geben muß. Ihr tut das mehr leid als mir. Mir ist es egal, Handarbeit ist nicht meine Sache.

Sie ist gleichzeitig unsere Sportlehrerin, und im Sport kann sie voll auf mich zählen, da bin ich gut, eine der Besten. Beim letzten Leichtathletikwettkampf bin ich auf fünfzig Meter 5,9 gelaufen, das war absoluter Rekord. Ich mußte den Lauf wiederholen, weil sie dachte, ihre Stoppuhr sei defekt. Aber nein, sie war in Ordnung, ich bin tatsächlich so schnell gelaufen. Auch beim Geräteturnen bin ich die Beste. Und so freut sie sich fast mehr als ich, die Fünf in Handarbeiten durch eine Eins in Sport ausgleichen zu können.

Sport wird überhaupt bei mir groß geschrieben. Ich bin in den Sportverein eingetreten und trainiere zweimal die Woche. Insgesamt bringe ich es durch Schule, BDM und Sportverein auf zehn Stunden Sport in der Woche, zum Kummer von Mutter, die mich kaum noch satt bekommt. Immer habe ich Hunger.

Als Papa Urlaub hat, begleitet er mich zum Training in der Turnhalle der Jungenoberschule. Er ist begeistert von meinen Leistungen, aber auch skeptisch. »Na, Käse, der Ausspruch des Führers *Hart wie Kruppstahl* trifft auf dich ja voll zu, aber eigentlich ist damit die männliche Jugend gemeint. Vergiß nicht, daß du ein Mädchen bist. Werde mir nur kein Mannweib.«

17

Bei uns hat sich wieder Nachwuchs angemeldet, Mutter geht es diesmal gar nicht gut. Der große Haushalt und die ständige Sorge um Papa setzen ihr arg zu. Wir Großen tun, was wir können, aber die Hauptlast bleibt an ihr hängen. Ganz erschüttert ist sie, als sie die Todesanzeige von Schwester Käthe in der Zeitung entdeckt. Wer soll ihr nun in der schweren Stunde beistehen? Schwester Käthe war für sie mehr als eine Hebamme, sie besaß ihr ganzes Vertrauen, sie war eine großartige Frau. Mutter ist verzweifelt, ins Krankenhaus möchte sie nicht. Auf Empfehlung unseres Hausarztes stellt sich dann einige Zeit später eine andere Hebamme vor. Mutter kann ihrer burschikosen Art nichts abgewinnen.

»Na, kleine Frau, wir werden das Kind schon schaukeln und unserem Helden an der Front einen strammen Stammhalter bescheren. Der Führer braucht Soldaten.« Mutter ist pikiert. »Habt ihr das gehört«, fragt sie uns ganz aufgebracht, nachdem die Frau gegangen ist. »Die behandelt mich wie ein unmündiges Kind. Das ist ein richtiges Mannweib. Habt ihr den Bart gesehen?«

Brüllend vor Lachen verscheuchen wir unsere Angst. Aber der Termin rückt unaufhaltsam näher. Mitte Dezember soll es soweit sein. Alles ist vorbereitet, die winzigen Sachen liegen bereit, blau umhäkelt, noch von Jürgen. Blau für Jungen, rosa für Mädchen, so war das damals. Auch den Stubenwagen hat Mutter wieder hergerichtet, blau. Jürgen steigt auf einen Stuhl und legt sich in die blaue Pracht. Wie ein Mondkalb schaut er uns an. »Bißken fahrn«, fordert er uns auf. Ich kutschiere ihn in der Wohnung umher, bis Mutter dem Treiben ein Ende bereitet.

Dann ist es soweit. »Gerda«, höre ich Mutter leise rufen, »steh auf, hol die Hebamme«. Gerda springt aus dem Bett. Ich rüttle Ruth wach. »Steh auf, es geht los.« In Windeseile sind wir angezogen. Mutter besteht darauf, daß ich Gerda begleite, es ist zwei Uhr morgens. Ruth soll bei ihr bleiben. Margret und Jürgen schlafen fest. Wir laufen los. Die Stadt ist stockdunkel. Kein Mensch ist unterwegs. Die Hebamme wohnt in der Speckstraße. Zehn Minuten später stehen wir vor dem dunklen Haus. Gerda war schlau genug, Streichhölzer einzustecken. Wir leuchten die Klingeln an. Da steht der Name. Gerda klingelt. Es dauert eine Ewigkeit, bis sich ein Fenster öffnet und eine Männerstimme fragt, was wir wollen. Wir fragen nach der Hebamme. »Meine Frau ist nicht zu Hause. Sie hat schon eine Entbindung diese Nacht und kommt bestimmt nicht vor morgen früh zurück.« Was nun?

»Versucht es bei Frau Lühr, die wohnt in der Jüdenstraße, im Kräuterhaus. Das ist nicht weit von hier«, ruft er uns zu und schließt das Fenster. Wie von Furien gejagt, rennen wir zurück durch die Jüdenstraße. Gerda zündet ein weiteres Streichholz an. Sie findet den Namen auf Anhieb und läutet Sturm, nimmt den Finger nicht von der Klingel. Nach geraumer Zeit hören wir eine ärgerliche Stimme von oben: »Seid ihr verrückt geworden? Wollt ihr das ganze Haus aufwecken?«

Gerda schreit ihr den Sachverhalt hinauf. »Wartet, ich komme«, klingt es ruhig zurück. Kurze Zeit später öffnet sich die Tür, und wir erschrecken zu Tode. Im Türrahmen steht eine winzige, uralte Frau, von Kopf bis Fuß schwarz gewandet. »Du trägst meine Tasche«, sagt sie zu Gerda, »und du hakst mich unter«, fordert sie mich auf. »Und nun mal los, oder wollt ihr Wurzeln schlagen?« Wie ein

Soldat marschiert sie los.

Als wir das Zimmer betreten, schließt Mutter nach einem entsetzten Blick auf die kleine, schwarze Person die Augen. Die nimmt sofort die Zügel in die Hand. Sie entledigt sich ihrer schwarzen Haube und bindet sich eine große, weiße Schürze um. Plötzlich sieht sie wie eine fürsorgliche Großmutter aus. Liebevoll beugt sie sich über Mutters Bett. »Stehen Sie bitte auf«, sagt sie zu ihr, »wir beide müssen jetzt arbeiten.«

Ruth und mich schickt sie ins Bett zurück, Gerda soll bleiben. »Du mußt mir helfen«, sagt sie zu ihr. Verstört legen wir uns nieder, horchen auf jeden Laut. Ich erwache von einer zittrigen, quäkenden Stimme. Das Kind ist da. Ich schleiche an die Tür. »Kommt ruhig herein«, ruft Frau Lühr, »ihr habt eine kleine Schwester.« Mutter liegt im Bett, das Kind im Arm. Sie strahlt. Mal wieder geschafft.

Frau Lühr kommt noch ein paar Tage, versorgt Mutter und sieht nach dem Kind. Mutter ist begeistert von ihr. »Eine tüchtige kleine Frau, die versteht ihr Handwerk. Alles ging ruckzuck.«

Wir Kinder haben sie auch ins Herz geschlossen. Margret fragt sie: »Wie alt bist du denn?« »Ich gehe ins Siebzigste, du Naseweis«, antwortet sie verschmitzt, »aber ich hoffe, daß man mir das nicht ansieht.«

Eine bemerkenswerte Frau. Als sie sich verabschiedet, stehen Mutter Tränen in den Augen. »Kopf hoch«, sagt Frau Lühr, »Sie schaffen das schon. Die Kleinen sind zäh, das sehen Sie ja an mir.«

Papa schreibt: »Was macht denn der kleine Erdenbürger? Mit der Taufe mach nur alles so, wie Du es für angemessen hältst. Es ist jedenfalls richtig, daß Du nicht so viele Leute einladen willst. Das können wir später nachholen. Nun wird es ja bald Frühling. Geh nur immer schön raus an die Sonne mit den kleinen Geistern. Frische Luft können sie nicht genug bekommen. Margret werde ich noch eine Karte schreiben, dafür, daß sie im Lesen einen Preis bekommen hat. Wenn ich auf Urlaub komme, werde ich ihr etwas Schönes mitbringen. Da fällt mir noch ein, vergiß nicht, das Sparbuch für Klein Hannelore anzulegen, am besten bei der Beamtenbank. Ich denke immer an Euch, besonders wenn es knallt!«

18

Nun ist auch Amerika in den Krieg eingetreten. Mutter, noch ziemlich geschwächt von der Geburt, ist ganz verzweifelt: »Das kann nicht gutgehen. Wer ist denn so vermessen, zu glauben, gegen die ganze Welt antreten zu können. Glaubt mir, das ist der Anfang vom Ende.«

Kurze Zeit später werden die Lebensmittelrationen herabgesetzt. Bis jetzt haben wir noch nicht gehungert, aber langsam wird der Mangel spürbar. Schon im Frühjahr hatte die Partei die Aktion *Brachland* durchgeführt. Öffentliche Anlagen wurden mit Kohl und Steckrüben statt mit Blumen bepflanzt. Die Erträge sind für Altenheime und Krankenhäuser bestimmt. In der Schule wird verstärkt zur Sammlung von Altmaterialien aufgerufen. Wir sammeln praktisch alles: Papier und Textilien, Metalle, Eisen und Knochen. Es wurde ein Punktesystem eingeführt, nach dem wir ein bestimmtes Soll erfüllen müssen. Dienstag ist Abgabetag in der Schule. Auch in den Ferien müssen wir die Sammlungen fortsetzen. Ich habe mir einen Kundenstamm in der Nachbarschaft aufgebaut, meistens ältere Menschen, die keine schulpflichtigen Kinder haben. Regelmäßig gehe ich vorbei und hole die Sachen ab, die sie für mich aufgehoben haben. Ich sammele alles auf dem Balkon, bis Mutter es mir verbietet. Sie kann den Gestank der Knochen nicht ertragen. Ich verstehe das, es stinkt wirklich manchmal bestialisch. Aber so fleißig ich auch sammele, selten bekomme ich soviel zusammen, wie wir eigentlich abgeben sollen. Es sind einfach zu viele Kinder unterwegs. Soviel Altmaterial gibt es gar nicht, wie ständig benötigt wird. Die besten Sammler erhalten Buchpreise. Zwei ganz Gewitzte haben sogar Gullydeckel abmontiert und als Alteisen abgegeben. Diesen Unsinn hat die Polizei dann schnell beendet.

Einige meiner Kunden sind so nett, mir ihr Sammelgut nach Hause zu bringen. Mutter ist davon gar nicht entzückt. »Die wollen den Gestank doch nur daheim weg haben«, sagt sie erbost. So bringt eines Tages Sigrid eine Tüte, allerdings sind Äpfel darin und keine Knochen. »Viele Grüße von meiner Mutti«, sagt sie. »Du bist meine Beste«, sagt sie zu Mutter und umarmt sie. »Darf ich Klavier spielen?« Sie setzt sich ans Klavier, haut mit beiden Händen wahllos auf die Tasten und singt dazu *Komm lieber Mai und mache die Bäume wieder grün*. Es ist eine scheußliche Kakophonie, da sie die Melodie nicht richtig singt, sondern zwischen tiefstem Baß und höchsten Fisteltönen hin und her schwankt. Wir kennen das. Sie besucht uns oft und möchte dann immer Klavier spielen. Mutter mag es ihr nicht abschlagen. Sigrid ist geistig behindert, sechzehn Jahre alt, und, vom Klavierspielen abgesehen, ist sie ein liebes Ding. Mutter hat uns ans Herz gelegt, sie bei unseren Spielen auf der Straße mitmachen zu lassen. Das tun wir auch, obwohl sie immer Ringelreihen spielen will, und dazu sind wir nun wirklich schon zu groß. Manchmal tun wir ihr den Gefallen, dann ist sie glücklich.

Wenn sie Klavier spielt und singt, macht Mutter die Tür zu und läßt sie gewähren. So auch dieses Mal. Plötzlich fällt uns auf, daß es schon längere Zeit ruhig ist. »Sieh mal nach, was Sigrid macht«, sagt Mutter zu mir. Als ich die Tür öffne, stockt mir der Atem. Sie hat Jürgen im Schwitzkasten, hat ihn auf den Arm genommen und drückt ihn so heftig, daß er ganz blau angelaufen ist. Ich will ihr den Jungen entwinden, aber sie läßt nicht los. Auf meinen Schrei eilt Mutter herbei. Auch sie ist geschockt, reagiert aber sofort: »Komm, Sigrid, nun gib mir den Jungen wieder«, sagt sie in ruhigem Ton. Sigrid läßt sofort ihr Opfer frei, das wie ein Fisch nach Luft schnappt. »Ich mag ihn ja so gerne, genau wie dich«, sagt Sigrid zu Mutter. Jürgen bekommt langsam wieder Farbe und fängt fürchterlich zu brüllen an. »Was hat er denn«, fragt Sigrid, »mag er mich nicht?« »Doch, doch, er mag dich, aber geh nun schön heim. Für heute hast du genug Klavier gespielt.« Mutter schiebt Sigrid zur Tür hinaus. Dann muß sie sich setzen, so zittern ihr die Knie. »Mein Gott, ein paar Minuten später – ich mag den Gedanken gar nicht zu Ende denken. Das darf Papa nie erfahren, er würde außer sich geraten.« Als Papa das letzte Mal auf Urlaub war, kam Sigrid auch zum Klavierspielen. Er konnte es nicht ertragen und hat sie fortgeschickt. »Dein Mann mag mich nicht«, hat sie zu Mutter gesagt, als sie sich auf der Straße treffen, »aber ich mag ihn auch nicht. Er ist nicht so nett wie du. Sag mir Bescheid, wenn er wieder fort ist, dann komme ich wieder.«

Wir haben uns beruhigt, als es klingelt und Sigrids Mutter vor der Tür steht. Sie bringt eine Tüte mit Knochen und möchte dafür die Äpfel zurück. Sigrid hatte die Tüten vertauscht. Zwei Äpfel haben wir bereits gegessen, das läßt sich nicht rückgängig machen. Es ist ihr sichtlich peinlich, die Äpfel zurückzufordern. Mutter versichert ihr, daß sie Verständnis dafür hat. Wer weiß, wann es wieder eine Zuteilung gibt? »Warum hast du ihr nichts gesagt?« frage ich Mutter. »Ach weißt du, die haben es schwer genug mit so einem Kind. Warum soll ich ihr das Herz noch schwerer machen.« Sigrid ist weiterhin zum Klavierspielen gekommen, die beiden Kleinen haben wir dann nicht aus den Augen gelassen.

19

Die Sechste Armee ist in Stalingrad eingeschlossen. Die Wochenschau zeigt die Häuserkämpfe. »Unsere tapferen Soldaten werden bis zum letzten Mann und bis zur letzten Patrone ihren heldenhaften Kampf gegen den Bolschewismus fortsetzen«, tönt die Stimme des Kommentators +ber dem Schlachtenlärm. In Nordafrika sind englische und amerikanische Truppen gelandet und bedrängen mit großer Übermacht die Panzer von General Rommel. Die glorreichen Zeiten sind vorbei. Keine Siegesmeldungen mehr wie zu Beginn des Krieges. »Was soll ich jetzt viel reden?« sagte der Führer in seiner letzten öffentlichen Rede. Stattdessen redet Goebbels. Bei einer Großveranstaltung im Berliner Sportpalast – vom Rundfunk übertragen – schreit er: »Wollt Ihr den totalen Krieg?« »Ja, ja, Sieg Heil!« schallt es aus vielen tausend Kehlen. Mutter schaltet das Radio ab. »Das können nur Parteigenossen sein. Welcher vernünftige Mensch würde dazu Ja sagen?«

Dann ist die Schlacht um Stalingrad zu Ende. General Paulus hat kapituliert. Eine ganze Armee ist in Gefangenschaft gegangen, einundneunzigtausend Soldaten, von denen viele Jahre später nur fünftausend heimkehren werden. Der Gauleiter hat zu einer Großdemonstration aufgerufen. Die Bevölkerung soll ihren Siegeswillen bekunden. Vor dem fahnengeschmückten Stadttheater versammeln sich Partei, HJ, BDM, Abordnungen der Betriebe, Rotes Kreuz und Luftschutzbund. Der Kreisleiter hält eine Rede, die mit dreifachem *Sieg Heil* endet. Der Fanfarenzug intoniert einen Trommelwirbel, und wir BDM-Mädchen singen das Lied *Deutschland, heiliges Wort*. »Führer befiehl, wir folgen dir«, skandieren wir zum Abschluß der Veranstaltung und marschieren mit erhobenem rechten Arm am Kreisleiter vorbei. Theater und Kinos sind geschlossen. Jede Art von Zerstreuung ist verboten. Kurz darauf wird der Linienverkehr der Stadtbusse eingestellt. Die Fahrzeuge werden zum Transport der obdachlosen Bombenopfer in Hamburg eingesetzt. So hält der totale Krieg Einzug in unser tägliches Leben.

Löschzüge der Feuerwehr rasen durch die Stadt. Wie ein Lauffeuer verbreitet sich die Nachricht: Großbrand im Aerodynamischen Institut. Das wollen wir natürlich sehen. Obwohl Soldaten den Brandherd weiträumig abgeriegelt haben, gelingt es uns, ziemlich nahe heranzukommen. Ein gigantischer Anblick. Die Flammen schlagen haushoch in den Himmel. Funkenbündel schießen aus den geborstenen Fenstern, hinter denen massive Balken wie Streichhölzer herumgewirbelt werden. Aus den Gesprächen der umstehenden Erwachsenen erfahre ich, daß sich in dem Gebäude ein Windkanal befindet, in dem die Luftwaffe neue »Wunderwaffen« testet. *Windkanal*, *Wunderwaffen*, das alles klingt sehr geheimnisvoll. Ein Mann klärt die Umstehenden auf: »Ich kenne das Gebäude von innen, habe mal kurze Zeit dort gearbeitet. Die ganze Versuchsanlage ist mit Korkplatten verschalt, da ist nichts mehr zu retten.« Und hinter vorgehaltener Hand flüstert er, laut und vernehmlich, seinem Nachbarn zu: »Da ist mal wieder Sabotage am Werk, glauben Sie es mir. Da unsere Soldaten unschlagbar sind, versucht der Feind auf diese Weise, den Siegeswillen des deutschen Volkes zu schwächen. Aber das wird ihm niemals gelingen. Solche Elemente müssen sofort aufgeknüpft werden!« »Ja, ja«, antwortet sein Nachbar und wendet sich zum Gehen. Am nächsten Tag lesen wir in der Zeitung, daß der Brand durch unvorsichtigen Umgang mit einem Schweißbrenner ausgelöst wurde. Niemand glaubt es.

20

Tag der Wehrmacht. Voriges Jahr waren wir in der Kaserne und durften im Panzer mitfahren. Dieses Mal gehen wir auf den Fliegerhorst. Ganz Göttingen scheint auf den Beinen zu sein. Es herrscht ein solches Gedränge, daß man sich kaum zur Gulaschkanone durcharbeiten kann.

Nach dem Essen stelle ich mich an zum Fallschirmspringen. Die Schlange der Wartenden ist lang. Als ich endlich an die Reihe komme, fragt mich der Soldat, der die Aufsicht führt, nach meinem Alter. »Vierzehn«, sage ich, obwohl ich in der nächsten Woche erst zwölf Jahre alt werde. »Na, dann mal los«, ermuntert er mich und gibt die Leiter frei. Ich klettere an dem Gerüst hinauf, die Leiter nimmt kein Ende. Als ich oben auf der Plattform ankomme und hinunterblicke, wird mir schwindelig, aber ich lasse es mir nicht anmerken, um nicht wieder hinuntergeschickt zu werden. Die Menschen schauen erwartungsvoll nach oben, sie wirken ziemlich klein. Ich weiß nicht, wie hoch das Gerüst ist, zwanzig Meter, dreißig Meter? Der Soldat auf der Plattform schnallt mir den Fallschirm um, dann gibt es einen kräftigen Ruck, und ich schwebe hinab. Es dauert nur ein paar Sekunden, aber ich fliege, ich fliege! Was für ein herrliches Gefühl. Unten nimmt mich meine Freundin in Empfang, ziemlich erbost. Man darf erst ab vierzehn springen, und sie ist zwölf, genau wie ich. Aber viel größer. Ich rede ihr zu: »Wenn sie mich als Vierzehnjährige durchlassen, dann doch dich erst recht.« Sie traut sich nicht. Überhaupt ist sie ein rechter Hasenfuß, treibt keinerlei Sport, spielt immer nur Klavier.

Beim Klavierspielen habe ich sie auch kennengelernt. Beim letzten Hauskonzert, das unsere Klavierlehrerin für

Eltern und Freunde veranstaltet hat, mußten wir ein Stück vierhändig spielen, den *Fröhlichen Landmann*. Wir haben daheim geübt, abwechselnd bei uns und bei ihr, es klappte prima. Und dann hat sie doch alles verpatzt. Sie war so nervös, daß sie vollkommen aus dem Takt geriet. Sie fing einfach an zu heulen. Mitgefühl bei den Eltern. Das arme Kind, solches Lampenfieber. Ist doch gar nicht nötig, wir sind doch unter uns. Ihre Mutter tröstete sie, und unsere Klavierlehrerin mußte ihren Part übernehmen.

21

Die Gefahr aus der Luft wird immer größer. Alliierte Bomberverbände legen eine Großstadt nach der anderen in Schutt und Asche. Grauenvolle Bilder in der Wochenschau. Die ausgebrannten Häuser ragen wie Gerippe in den Himmel, Schutthalden, wo einmal Häuser standen. Auf den zerstörten Bahnhöfen verabschieden sich Mütter von ihren Kindern, die aufs Land evakuiert werden, betreut von Rot-Kreuz-Schwestern und BDM-Mädeln.

In Göttingen sind noch keine Bomben gefallen, lediglich ein paar Brandbomben im Landkreis, die aber keinen wesentlichen Schaden angerichtet haben. In der Bevölkerung kursiert das Gerücht, daß Göttingen von den Alliierten geschont würde, weil sie die altehrwürdige Universität erhalten wollten. Niemand weiß, woher dieses Gerücht stammt, aber man glaubt daran.

Wir werden wach vom Tatütata der Feuerwehr. Ein Löschfahrzeug nach dem anderen rast durch die Nacht. Als der Motorenlärm verklungen ist, vernimmt man andere Töne. Es klingt wie fernes Donnergrollen, als würde ein Gewitter heraufziehen, was im Oktober ja eher unwahrscheinlich ist. Leise erhebe ich mich aus dem Bett und trete auf den Balkon hinaus. Hier hört man das Donnergrollen deutlicher. Lichtgarben zucken wie Wetterleuchten über den Himmel. Mutter ist neben mich getreten. »Das ist kein Gewitter«, sagt sie, »in der Richtung liegt Kassel. Möge Gott den armen Seelen gnädig sein.« Auch andere Hausbewohner stehen auf ihren Balkonen und unterhalten sich leise, man kann die murmelnden Stimmen hören.

Ich schleiche mich durchs dunkle Treppenhaus zu Tante Annas Wohnung im vierten Stock. »Komm mit auf den Dachboden«, sagt Günther, »da haben wir eine bessere Sicht.« Im Dunkeln tasten wir uns auf den obersten Boden hinauf und öffnen die Dachluken. Wir hangeln uns an der Luke hoch und hängen mit dem Oberkörper auf dem abfallenden Dach. »Halt dich richtig fest, und paß auf, daß du kein Übergewicht kriegst«, ruft Günther mir aus der anderen Luke zu. Dann verstummt er, offenbar genau so überwältigt von dem Anblick wie ich.

Der Himmel in südwestlicher Richtung ist blutrot gefärbt. Scheinwerferfinger gleiten über den Horizont und erhellen die Nacht, manche überkreuzen sich. Dazwischen schweben die berüchtigten *Christbäume*, Leuchtkugeln, die die Bomber abwerfen, um ihre Ziele zu markieren, ein grandioses, todspeiendes Feuerwerk von unfaßbarem Ausmaß. Anscheinend hat der Wind gedreht, die Detonationen sind ganz deutlich zu hören. Brandgeruch kommt in Wellen auf uns zu, wird immer stärker. Und dann rieselt etwas wie Regen auf uns herab, aber es ist nicht naß, sondern trocken und etwas klebrig. Es ist Asche, ein feiner Ascheregen geht über Göttingen nieder. Schreiend springe ich von der Dachluke zurück in den Bodenraum. »Mensch, sei still«, herrscht Günther mich an, »wenn der Luftschutzwart mitkriegt, daß wir hier oben sind, ist der Teufel los.« Leise schleichen wir zurück durchs dunkle Treppenhaus.

Mutter ist in großer Sorge. Onkel Kurt, Papas einziger Bruder, lebt in Kassel mit seiner Frau Jettchen und den Kindern Rosi und Elisabeth. Sie wohnen am Schloßplatz, im Zentrum der Stadt. Auch Tante Lissy, Jettchens Schwester, wohnt in Kassel. Am nächsten Morgen versucht Mutter eine telefonische Verbindung zu Onkel Kurt zu bekommen, aber es ist aussichtslos, die Leitung nach Kassel ist tot. Bleibt nur die Post. Sie schreibt einen Brief an Onkel Kurt und einen an Tante Lissy mit der Bitte um ein Lebenszeichen.

Der Brief an Onkel Kurt kommt mit dem Vermerk *unzustellbar* zurück. Fassungslos dreht Mutter den Umschlag um und um, so als suche sie nach einem Lebenszeichen, aber da ist nur dieses grauenvolle *unzustellbar*. »Das kann ich Papa nicht schreiben, sein einziger Bruder! Und die unschuldigen Kinder! Dieser Wahnsinn kann einen um den Verstand bringen.«

Ein paar Tage später kommt ein Brief von Tante Lissy. Sie schreibt, daß Kurt, Jettchen und die Kinder leben. Onkel Kurt hatte seine Familie einen Tag vor der Katastrophe zu den Schwiegereltern aufs Land gebracht. Von Wolfsanger aus haben sie dem Untergang der Stadt zugeschaut. »Ach, Gretel, mir fehlen die Worte, um dieses Grauen zu schildern«, schreibt Tante Lissy, »erspar mir Einzelheiten, ich kann nicht darüber sprechen. Vielleicht später einmal. Für heute nur so viel: wir leben.«

»Wir haben alles verloren«, schreibt Onkel Kurt. »Als ich vor den Trümmern unseres Hauses stand, unter denen unsere lieben Nachbarn noch begraben lagen, schämte ich mich für meine Dankbarkeit, daß wir so glimpflich davongekommen sind. Meine Dienststelle wird nach Fritzlar verlegt, Jettchen und die Kinder bleiben bei den Eltern in Wolfsanger. Hermann habe ich schon geschrieben. Bleib tapfer, liebe Gretel. Möge Gott Euch schützen.«

22

Die Stadt ist voller Verwundeter. Einige Schulen sind als Lazarette eingerichtet. Verwundetenbetreuung steht auf dem Dienstplan der Sing- und Spielschar. Unser Übungsraum ist ein Keller in der Prinzenstraße. Hier stellen wir das Programm zusammen und üben dreimal in der Woche. Ich soll *Am Brunnen vor dem Tore* singen und mich selbst am Klavier begleiten. Das ist kein Problem für mich. Mein Klavierspiel reicht schon aus zum Vortragen von Volksliedern. Ich übe natürlich auch zu Hause, Mutter meint, es klinge ganz gut.

»Ilßä«, ruft Tante Anna vom Hof herauf, »ßing mich toch mal *Lilli-Marlen*, das höre ich toch so kerne!« Ich tue ihr den Gefallen und erhalte als Gage eine Leberwurst. Man munkelt, daß Tante Anna in ihrem Gartenhaus schwarz schlachtet, aber das kann uns egal sein, die Wurst schmeckt prima.

Dann ist es soweit. Die Aula des Gymnasiums wurde festlich geschmückt. Der Saal ist rappelvoll. Vor die Bühne rollen Krankenschwestern Betten mit Schwerverwundeten. Mir ist ganz beklommen, als ich die vielen bandagierten Köpfe sehe, Krücken, geschiente Arme, leere Hosenbeine. In einem der Betten liegt ein Soldat mit einem Augenverband. Unser Chor beginnt mit dem Lied *Kein schöner Land in dieser Zeit*. Ein Parteifunktionär hält eine Begrüßungsrede. Auch unsere Gruppenführerin spricht einige Worte. Sie stellt unser Programm vor und gibt der Hoffnung Ausdruck, daß die Zuhörer genau so viel Freude an der Vorführung haben mögen wie die Akteure. Dann rollt das Programm ab. Einige lustige Sketche bekommen viel Applaus. Wir haben ein dankbares Publikum, das spornt uns zu Höchstleistungen an. Der Chor singt *Wenn ich den Wandrer frage, wo kommst du her? Von Hause, von Hause, sagt er und seufzet schwer.*

Nach diesem Vortrag lange Stille, bis der Applaus endlich zögernd einsetzt. Es folgt ein Duett mit Geige und Flöte, dann bekomme ich mein Zeichen. Ich stehe starr und rühre mich nicht. Meine Gruppenführerin sieht mich eindringlich an und nickt ermutigend. Wie auf Stelzen gehe ich zum Flügel. Ich friere, obwohl es im Saal ziemlich warm ist. Meine Finger sind steif, unbeweglich, ich habe einen dicken Kloß im Hals. Ich kann weder spielen noch singen. Im Saal ist es ganz still. Jemand räuspert sich, und das bringt mich endlich zur Besinnung. Ich schaue auf die verbundenen Köpfe und schlage den ersten Ton an. Die Finger funktionieren. Meine Stimme zittert zwar noch ein wenig, aber bei der zweiten Strophe habe ich auch sie in der Gewalt. Und dann vergesse ich alles rings um mich. Ich spiele und singe so, wie ich es auch zu Hause tue. Ich bekomme viel Applaus. Eine Krankenschwester winkt mich an das Bett des Blinden. Er streckt mir seine Hände entgegen. »Du hast wunderbar gesungen. Du solltest Sängerin werden. Mit so einer Stimme kannst du vielen Menschen Freude machen. Ich danke dir.«

Ich platze fast vor Stolz, als ich Mutter den Auftritt beschreibe. Aber sie holt mich schnell auf den Boden der Tatsachen zurück. »Du kannst die beiden Kleinen ins Bett bringen«, unterbricht sie meinen begeisterten Bericht. Und das ist dann auch schon das Ende meiner Künstlerkarriere.

23

Gerda hat ihre Lehre als Verkäuferin abgeschlossen. Nach bestandener Prüfung wird sie kriegsdienstverpflichtet bei einer Firma, die Bombenzünder herstellt. Seit ihrer frühesten Kindheit leidet sie unter eitrigen Abszessen im Hals, begleitet von hohem Fieber. Als sie einige Monate in der Rüstungsfabrik arbeitet, wird sie wieder krank.

Aus Angst vor dem Personalchef, der, wie es heißt, »schon einige auf dem Gewissen haben soll«, schleppt sie sich zur Arbeit und bricht zusammen. Eine Kollegin bringt sie zum Betriebsarzt, der vierzig Grad Fieber mißt. Wütend stellt er den Personalchef zur Rede. Als Gerda nach einer Mandeloperation auf dem Wege der Besserung ist, holen die Eltern ihres Verlobten sie zu sich nach Hause, um sie ein wenig aufzupäppeln. Als sie nun eines Tages, fast wiederhergestellt, in der Tür des Bäckerladens steht, geht die Schwiegermutter des Personalchefs vorbei, die uns gegenüber in der Gartenstraße wohnt. An ihrem ersten Arbeitstag wird Gerda zum Personalchef zitiert, der ihr vorhält, während ihrer angeblichen Krankheit in einer Bäckerei gearbeitet zu haben. Sie versteht erst gar nicht, was er meint. Alle Erklärungen nützen nichts. Er verlangt, daß sie die versäumten Stunden nachholt. Sie muß jeden Tag, wenn die anderen Arbeiter Feierabend machen, drei Stunden länger arbeiten, auch am Sonnabend.

Einige Wochen später erhält sie ihre Einberufung zu den Luftwaffenhelferinnen. Mutter ist verzweifelt und schreibt sofort an Papa. Aber seine Gesuche an das Arbeitsamt um Aufhebung des Einberufungsbescheides bleiben ergebnislos, da der Personalchef auf der Einberufung besteht. Auch daß Mutter mit fünf Kindern, das jüngste zwei

Jahre alt, auf Gerdas Hilfe unbedingt angewiesen ist, hat daran nichts geändert. Gerda muß ihren Dienst zur Ausbildung als Luftwaffenhelferin in Merseburg bei der fliegertechnischen Schule antreten. In den Nachrichten hören wir, daß gerade Merseburg mit den Buna- und Leunawerken häufig von den schwersten Bombenangriffen heimgesucht wird.

An welchem Frontabschnitt Papa ist, wissen wir nicht. Die Feldpost gibt keinerlei Aufschluß. In seinem letzten Brief schreibt er: »Ich bete darum, daß ich heil aus dem Krieg nach Hause komme, schon allein, um diesen sauberen Herrn von Personalchef zur Rechenschaft zu ziehen. Es ist für mich unfaßbar, daß solche Elemente ungeniert ihr Wesen treiben können. Man fragt sich, wozu man sich hier abschindet, während daheim Frau und Kinder drangsaliert werden. Ich darf gar nicht nachdenken, sonst werde ich verrückt. Mit großer Sorge und Liebe denke ich an Euch!«

Mein Vater konnte den »sauberen Herrn« nicht mehr zur Rechenschaft ziehen, aber andere haben dafür gesorgt. Nach Kriegsende erhielt Gerda eine Vorladung der Kriminalpolizei. Ehemalige Arbeiterinnen hatten den Mann angezeigt und dabei auch ihren Fall geschildert. Vor dem Vernehmungsraum sitzen die Opfer auf der Bank und tauschen Erinnerungen aus. Abseits steht der Vorarbeiter, der die polnischen Zwangsarbeiterinnen geschlagen und getreten hat. Niemand spricht mit ihm. Zur Verhandlung kam der Fall dann doch nicht. Der Angeklagte war angeblich aus Gesundheitsgründen nicht verhandlungsfähig. Er muß schnell genesen sein, schon kurze Zeit darauf gründete er eine eigene Firma. Er hat sie noch über dreißig Jahre leiten können.

24

Attentat auf Adolf Hitler. Aus dem Radio erfahren wir, daß der Führer im Laufe des Abends zum deutschen Volk sprechen wird. Schon lange hat er sich nicht mehr zu Wort gemeldet. Wir warten Stunde um Stunde. Dann, nach Mitternacht, ertönt seine Stimme. Er teilt den »Volksgenossinnen und -genossen« mit, daß er unverletzt sei, bis auf Hautabschürfungen und Prellungen. Die Bombe, von Oberst Graf von Stauffenberg ins Führerhauptquartier geschmuggelt, sei nur zwei Meter von ihm entfernt explodiert. Einige Mitarbeiter seien schwer verletzt worden. Ihn aber habe die Vorsehung einmal mehr bewahrt, und das sei ihm Bestätigung, sein Lebensziel weiter zu verfolgen. »Lebensziel, was ist denn wohl sein Lebensziel?« Mutter ist ziemlich bestürzt. »Wie wird das auf die Soldaten an der Front wirken? Wie soll der einfache Soldat den Kampf rechtfertigen, wenn hohe Offiziere dem Führer nach dem Leben trachten? Was für ein Chaos. Und wie sinnlos. Und wenn es ihn getroffen hätte, wäre dann der Krieg zu Ende?«

Die Kreisleitung der Partei ruft die Bevölkerung zu einer Treuekundgebung für den Führer auf dem fahnengeschmückten Adolf-Hitler-Platz auf. Voller Abscheu in der Stimme verurteilt der Kreisleiter die »verbrecherische Clique von Offizieren«, die es gewagt habe, das kostbare Leben des Führers anzutasten. »Der Führer wird es zu verhindern wissen, daß je der Feind deutschen Boden betritt. Jetzt heißt es, zusammenstehen und jedes Opfer bringen, damit der Gerechtigkeit zum Siege verholfen wird.«

Aber der Feind ist nicht mehr weit von deutschem Boden entfernt. Die Alliierten, die am sechsten Juni in der

Normandie gelandet sind, haben inzwischen Nordfrankreich zurückerobert. Die Russen stehen an der Weichsel. Rumänien mit seinen großen Ölfeldern ging verloren, ebenso Bulgarien. Die Engländer sind in Griechenland gelandet und haben Athen besetzt, auf dem Balkan setzt Marschall Tito mit seinen Partisanen den deutschen Truppen zu. Die Wehrmacht ist an allen Fronten auf dem Rückzug. Unaufhaltsam bewegen sich im Westen die Alliierten und im Osten die Russen auf die Reichsgrenze zu.

25

Mit der *Verordnung über die Heranziehung der deutschen Jugend zur Erfüllung von Kriegsaufgaben* ordnet der Gauleiter den Einsatz von einhundertdreißig Göttinger Schülern zu Schanzarbeiten an der holländischen Grenze an. Innerhalb von wenigen Stunden erhalten die Jungen ihren Marschbefehl, und schon am folgenden Tag werden sie von einer Parteiabordnung und ihren Angehörigen vor dem Bahnhof verabschiedet. »Ich bin stolz auf euch«, ruft der Kreisleiter ihnen zu, »am liebsten würde ich mit euch gehen, aber meine Pflichten halten mich hier fest.« Stramm stehen die fünfzehnjährigen Pimpfe während der Rede, stolz darauf, ihr Vaterland verteidigen zu dürfen. Sösis Bruder Gerdi ist auch dabei. Weinend umarmen die Mütter ihre Jungen zum Abschied, aber das ist denen sichtlich peinlich. »Mach doch nicht so einen Aufstand«, höre ich einen von ihnen sagen, während er sich widerstrebend aus den mütterlichen Armen windet, »jeder wird jetzt gebraucht.«

Tante Änne ist nicht zur Verabschiedung gekommen. Gerdi hat es ihr verboten. Nur keinen rührseligen Abschied! Es hatte zuvor eine peinliche Situation gegeben. Als sein Lehrer den Marschbefehl bringt, ist Tante Änne im Laden beschäftigt. »Schönen guten Tag, Herr Bacchus, was darf's denn sein?« begrüßt sie ihn liebenswürdig. Es darf nichts sein. Herr Bacchus schnappt nach Luft, verfärbt sich, so daß sich die blauviolette Färbung seiner Nase über das ganze Gesicht ausbreitet, überreicht den Marschbefehl und empfiehlt sich mit einem wütenden Blick auf Gerdi, der in diesem Moment den Laden betritt. »Herr Bacchus hat einen Brief für dich abgegeben«, sagt Tante

Änne. »Hast du ihn etwa Bacchus genannt?« fragt Gerdi ungläubig. »Ja sicher, so heißt er doch wohl, oder nicht?« »Nein, so heißt er eben nicht«, heult Gerdi, »das ist sein Spitzname wegen der Säufernase, er heißt Meyer.« »Ach du Schreck, wie peinlich! Woher soll ich das auch wissen, du nennst ihn doch immer nur Bacchus, wenn du von ihm sprichst.« Tante Änne ist ratlos.

»Nie wieder gehe ich zur Schule, das sage ich dir. Das verzeiht der mir nie!« Aber da steht er nun in der zweiten Reihe mit stolzgeschwellter Brust. Sichtlich froh, daß er Bacchus erstmal entwischen kann.

Eine Woche danach herrscht große Aufregung bei den Eltern. Die Alliierten haben im Raum Arnheim/Nymwegen ein Luftlandeunternehmen durchgeführt. Das Gebiet, in dem die Jungen zum Schanzen eingesetzt sind, ist Kampfgebiet geworden. General Hossbach, dessen Sohn ebenfalls mit ausgerückt ist, setzt sich für die sofortige Rückkehr der Jungen ein, die dann auch zwei Wochen später unversehrt zu Hause eintreffen.

Durch den Bericht eines Lehrers, der die Jungen begleitet hatte, wird später die Sinnlosigkeit des ganzen Unternehmens deutlich. Der Einsatz war in keiner Weise organisiert. Am ersten Tag bekamen sie nichts zu essen, hatten aber noch Butterbrote von zu Hause dabei. Niemand wußte, wohin die Reise ging. Sie landeten in Arnheim, fragten sich von Dienststelle zu Dienststelle durch, vom Einsatz der Jungen war nichts bekannt. Schließlich gelangten sie zu einer Einheit, deren Major sich ihrer annahm, ihnen Quartier beschaffte und dafür sorgte, daß sie Uniformen erhielten und verpflegt wurden. Einen Tag lang durften sie sich Arnheim ansehen, dann wurden sie der Organisation Todt übergeben, bei der sie den genauen Einsatzort erfuhren. Entlang einer Rückzugsstraße mußten sie Einmannlöcher buddeln und gemeinsam mit Männern des Volkssturmes einen zwei Meter tiefen Graben ausheben, der die feindlichen Panzer aufhalten sollte. Die Verpflegung war gut, ebenso die Stimmung, da sie der Meinung waren, eine kriegswichtige Arbeit zu leisten.

Als das Geschützfeuer der Front immer näher rückte und sich die Tieffliegerangriffe häuften, begriffen sie den Ernst der Lage. Über Stunden mußten sie im Schutz einer Kirche ausharren, ehe der Befehl zum Abmarsch erfolgte. Im Dunkel der Nacht marschierten sie Richtung Grenze. Nach und nach warfen sie ihr Gepäck ab, um leichter marschieren zu können. Am nächsten Morgen waren sie auf deutschem Boden. Sie bekamen ein Frühstück und durften sich ausruhen, ehe der Marsch zur nächstgelegenen Bahnstation fortgesetzt wurde. Gegen Mitternacht wurden sie auf einen Güterzug verladen und durchs brennende Ruhrgebiet Richtung Heimat gefahren.

Die Panzersperren haben die Alliierten nicht aufgehalten. Sie sind inzwischen bis an die Mosel vorgestoßen.

26

Goebbels hat die Bevölkerung zum »totalen Kriegseinsatz« aufgerufen und die »totale Mobilmachung« angekündigt. Theater, Haushalts- und Handelsschulen sind geschlossen. Die Bahn hat den Reiseverkehr eingeschränkt. Wer weiter als hundert Kilometer fahren will, benötigt eine Genehmigung der Polizei, die nur in den dringendsten Fällen erteilt wird. Auch die Post hat ihren Betrieb reduziert. Glückwünsche jeder Art dürfen nicht mehr übermittelt werden. Eine allgemeine Urlaubssperre wurde verhängt. Urlaubssperre! Wir haben unseren Vater seit eineinhalb Jahren nicht mehr gesehen. Das letzte Mal war er auf Urlaub, als Hannelore zwei Wochen alt war, also Anfang 1943.

Für Frauen unter fünfzig ist die Arbeitspflicht eingeführt worden. Auch Mutter bleibt nicht verschont. Sie muß für die Konservenfabrik Gemüse putzen und dosenfertig machen. Wir holen das Gemüse im Handwagen aus der Fabrik. Unter Tante Annas Regie versammelt sich die Hausgemeinschaft auf dem Hof und pult Erbsen, schrappt Möhren und schneidet Bohnen. Einen Vorteil hat die Sache: Es fällt immer etwas für uns ab, wenngleich der Kontrolleur beim Zurückwiegen ziemlich streng ist und wir oft Schwierigkeiten haben, den allzu großen Schwund zu erklären. Da kommt er aber bei Tante Anna an die richtige Adresse: »Sie, Männeken, unterstellense mich nichts. Was soll bei das angefaulte Zeugs noch viel übrig bleiben? Das stinkt ja zum Himmel, wie hier eine Mutter von sechs Kindern behandelt wird. Was fällt Sie denn eigentlich ein? Meinense, ich will mir am Volksgut bereichern? Das überlasse ich anderen.« »Schon gut, schon gut.« Der Mann atmet auf, als wir mit unserem Handwagen vom Fabrikhof rollen.

Ich werde zur Arbeit im Kindergarten verpflichtet. Schule fällt mal wieder aus. Die Kindergärtnerin, deren Kolleginnen in der Rüstungsindustrie arbeiten müssen, hat vierzig Kinder zu betreuen. Die Arbeit begeistert mich nicht sonderlich. Ich mag Kinder, aber Rotznasen putzen und Popos abwischen muß ich daheim schon mehr als genug. Mutter ist ziemlich vergrätzt, weil ich kaum noch zu Hause bin. Seit Ruth eine kaufmännische Lehre begonnen hat und Gerda zu den Luftwaffenhelferinnen eingezogen worden ist, braucht sie meine Mithilfe ganz besonders. Aber ich kann es nicht ändern. Durch Schule, BDM, Sport, Sammelaktionen und nun auch noch Kindergarteneinsatz bin ich so eingespannt, daß für die Familie kaum noch Zeit bleibt. So muß sich Margret häufiger um die beiden Kleinen kümmern, und sie ist selbst erst acht Jahre alt.

27

Gerda schreibt: »Wir sind ausgebombt und nach Halle verlegt worden. Es ist so kalt, die Heizungen funktionieren nicht mehr. Könnt Ihr mir warme Sachen schicken?« Da auf die Post kein Verlaß mehr ist, wird beschlossen, daß Ruth ihr die Sachen bringen soll, aber ihr Lehrherr gibt ihr keinen Urlaub. Er bittet Mutter zu sich und macht sie auf die Gefährlichkeit einer solchen Reise aufmerksam. Warum ich dann fahren darf, wird mir immer unerklärlich sein. Ich fahre jedenfalls, beladen mit einem großen Koffer voll warmer Kleidung und einem Butterkuchen, den Gerdas Schwiegervater extra für sie gebacken hat.

Ich komme unbehelligt in Halle an und platze mitten in den Unterricht. Gerda ist sprachlos, kann es gar nicht fassen, daß ich da bin. Sie bekommt für den Rest des Tages frei, zeigt mir die Schule und schlägt vor, zu ihrer Freundin Leni nach Merseburg zu fahren, die dort auf dem Fliegerhorst eingesetzt ist. Wir fahren mit der Straßenbahn von Halle nach Merseburg, aber den Fliegerhorst erreichen wir nicht mehr. Als die Straßenbahn in Merseburg ankommt, ertönt die Sirene: Voralarm. Sofort beginnt die Flak zu schießen. Die Menschen rennen, flüchten in alle Himmelsrichtungen. Noch bevor es Hauptalarm gibt, fallen die ersten Bomben. Wir sind eingekeilt in einen Menschenstrom, der weiter vorn irgendwo in der Erde verschwindet. Als wir näher heran sind, sehen wir, daß unter dem Trümmerberg, der einmal ein Haus war, ein schmaler Einstieg ist. Wir klettern auf einer Leiter hinunter und finden uns in einem Gewölbekeller wieder, wo dicht gedrängt Menschen stehen. Und immer mehr strömen nach. Gerda hat die Arme um mich gelegt. Wir stehen an die Mauer gepreßt, und während die Einschläge immer näher kommen, spüren wir, wie die Wand langsam hin und her schwankt. Einige Menschen beten laut, Kinder schreien. So etwas hatte ich noch nicht erlebt. In Göttingen sind auch schon Bomben gefallen, aber nur vereinzelt. Wir sind manchmal überhaupt nicht aufgestanden, haben den Alarm verschlafen. Aber das hier hat eine andere Dimension. Nach einem besonders nahen, heftigen Einschlag verlöscht das Licht. Die Wand schwankt stärker. Ein einziger Aufschrei um uns herum. Gerda krallt sich an mir fest. Hier kommen wir nie wieder raus.

Aber wir kommen raus. Auch dieser Angriff geht vorbei. Wir krabbeln die Leiter hoch. Draußen empfängt uns loderndes Feuer, alles steht in Flammen. Unsere Straßenbahn steht zwar noch da, aber auch sie brennt lichterloh. Zwischen Trümmern und brennenden Häusern suchen wir die Landstraße nach Halle. Nur raus aus dieser Hölle. Als wir Merseburg schon weit hinter uns gelassen haben, hält ein Militärfahrzeug neben uns. Es fährt nach Halle, und wir dürfen mitfahren. »Du fährst mit dem nächsten Zug nach Hause.« Gerda ist sehr besorgt. Zitternd und engumschlungen sitzen wir auf dem offenen Lastwagen.

Am nächsten Morgen bringt mich eine Kollegin zum Bahnhof. Gerda hat keinen Urlaub mehr. Als wir auf dem Bahnhof ankommen, gibt es erneut Fliegeralarm. Die Kollegin verabschiedet sich eilig, sie muß zurück in die Kaserne. Die Bahnbeamten treiben die Fahrgäste zur Eile an. Der Zug verläßt den Bahnhof und hält außerhalb der Stadt auf offenem Feld. Und dann kommen die Tiefflieger! Ich begreife gar nicht, was vor sich geht. »Alles runter«, höre ich jemanden schreien und finde mich auf dem Boden des Abteils wieder, während die Flugzeuge über den Zug hinwegfegen und die Scheiben splittern. Einige Menschen verlassen den Zug, um sich in dem Gestrüpp an der Böschung zu verbergen, unter ihnen der Soldat, der geschrien hat. Instinktiv suche ich seine Nähe. Als dann die Flugzeuge erneut angreifen, liegen wir platt an die Böschung gedrückt. »Wir müssen auf die andere Seite«, ruft er in dem ohrenbetäubenden Lärm, »das nächste Mal kommen sie aus der entgegengesetzten Richtung. Wir kriechen unter dem Zug durch, und richtig, da sind sie schon wieder. Wir liegen auf der anderen Seite, hart an die Erde gepreßt. »Hoffentlich halten sie die Richtung ein. Wenn sie den Zug der Länge nach beschießen, dann gute Nacht, Marie.« Aber es geht gut, und nach einer halben Stunde ist der gräßliche Spuk vorbei. Der Zug ist zwar beschädigt, aber er kann weiterfahren. An der nächsten Station werden Verletzte aus den Waggons getragen. Das Rote Kreuz versorgt uns mit warmen Getränken. Wir warten stundenlang auf einen Ersatzzug.

Endlich kann die Reise fortgesetzt werden. Es ist schon dunkel, als wir in Bebra ankommen. Hier bleibt der Zug wieder über zwei Stunden stehen. Großangriff auf Göttingen, heißt es. Seit Merseburg weiß ich, was das bedeutet. Als der Zug dann in den Göttinger Bahnhof einrollt, Erleichterung: Der Bahnhof steht noch.

Ich renne nach Hause. Alle Häuser, an denen ich vorbeikomme, sind noch da. Ich biege in die Gartenstraße ein: alles heil. Mutter schließt mich in die Arme. »Wie konnte ich nur dazu meine Zustimmung geben. Gott sei Dank, daß du wieder da bist.«

Vom Bombenangriff auf Merseburg und von den Tieffliegern erzähle ich nichts, um sie nicht unnötig zu beunruhigen. Sie hat genug um die Ohren. Ich erzähle von dem

Gerücht, daß es einen Großangriff auf Göttingen gegeben habe. Ja, sie hatten auch Alarm, und es sind Bomben gefallen, mehr als sonst. Sie haben zwei Stunden im Bunker gesessen, sind aber glimpflich davongekommen, wenn auch einige Fensterscheiben zu Bruch gegangen sind.

Brief von Papa. Er schreibt: »Hier ist es jetzt empfindlich kalt geworden. Kommt Ihr denn mit der Kohle aus? Achtet gut darauf, daß die Kartoffeln nicht erfrieren. Ich hoffe von ganzem Herzen, daß Ihr von dem Bombenterror verschont bleibt. Ist in Göttingen auch der Volkssturm gebildet worden? Behaltet mich lieb, wie ich Euch immer lieben werde.«

28

Ja, in Göttingen ist der Volkssturm gebildet worden. Alle einsatzfähigen Männer zwischen sechzehn und sechzig Jahren werden verpflichtet. Sie sollen den Heimatboden mit allen Waffen und Mitteln verteidigen. Allerdings scheinen Waffen nicht ausreichend vorhanden zu sein, denn die Gruppe, die ich beim Exerzieren auf dem Sportplatz beobachte, ist zum Teil nur mit Knüppeln ausgerüstet. Ein Anblick, der mir Gänsehaut macht. Ein zusammengewürfelter Haufen, unser alter Zahnarzt ist dabei, weißhaarig und gebrechlich, aber mit einem Gewehr. Da ist Herr Schneider, ein Nachbar, zuckerkrank, er exerziert mit einem Holzprügel. Ich kenne einige der älteren Herren, die sich da redlich abmühen und aufmerksam den Befehlen des Vorgesetzten nachkommen, der die Exerziergriffe von einem Hitlerjungen vorführen läßt, weil er selbst nur einen Arm hat. Der leere Ärmel ist mit einer Sicherheitsnadel am Jackett festgesteckt. Ein paar Hitlerjungen in Uniform bringen etwas Farbe in diese gespenstische Versammlung alter Männer, die mit undurchdringlicher Miene, gekleidet in Knickerbocker, Wickelgamaschen und Kleppermäntel, die Exerziergriffe üben.

Als ich Mutter einen anschaulichen, ironischen Bericht über diese Armee alter Männer gebe, weist sie mich scharf zurecht. »Es ist ein Verbrechen! Kinder und Greise als letztes Aufgebot. Sie sollten stattdessen die Parteibonzen zu den Waffen rufen, diejenigen, die sich schon den ganzen Krieg in der Heimat rumdrücken. Aber wer soll dann das Volk in Schach halten? Was haben diese Verbrecher aus Deutschland gemacht? Und du rede nicht so kaltschnäuzig daher, von Dingen, die du nicht verstehst.«

Die NS-Frauenschaft hat zu einem großen »Volksopfer« für den Volkssturm aufgerufen. Gesammelt werden Uniformen aller Art, Kopfbedeckungen, Stiefel, Wollsachen, Tornister, Brotbeutel, Feldflaschen, Kochgeschirre, Zeltplanen. Als der Aufruf zur freiwilligen Spende nicht den erwarteten Erfolg bringt, müssen HJ und BDM wieder ran. Mit Günther gehe ich von Tür zu Tür, treppauf und treppab: »Heil Hitler, wir sammeln für den Volkssturm.« Manche haben bereits etwas zurechtgelegt, andere machen die Tür erst gar nicht auf. Wir schleppen das Sammelgut in die Geschäftsstelle der Ortsgruppe, wo Frauen der NS-Frauenschaft alles in Sammellisten eintragen. Die kuriosesten Dinge sind dabei: Schützenuniformen, Jägerhüte mit Gamsbart, sogar eine alte Pickelhaube, die gewiß schon Verdun miterlebt hat. Die gefällt uns besonders, und wir probieren sie reihum auf. Als die Reihe an Günther ist, paradiert er im Stechschritt vor uns und grölt: »Parademarsch, Parademarsch, der Hauptmann hat 'n Loch im Arsch.« Wir biegen uns vor Lachen, bis die Leiterin der Geschäftsstelle wie ein Donnerwetter dazwischenfährt. Sie will unsere Namen wissen, um Anzeige beim Bann zu erstatten. Wir haben das Ehrenkleid der deutschen Jugend besudelt und sind nicht wert, die Uniform der Hitlerjugend zu tragen. Zitternd vor Empörung zückt sie Block und Bleistift, eine germanische Rachegöttin mit grauem Gretchenkranz. Kleinlaut wollen wir gerade unsere Namen sagen, als sich eine ihrer Kolleginnen einschaltet: »Nu machen Sie mal keinen Staatsakt aus dieser Lappalie, die Kinder haben einen Spaß gemacht und es nicht so gemeint, nicht wahr?« Wir nicken. »Na also, haben ja auch sonst nicht viel zu lachen. Haut ab.« Unter dem Protest der Göttin trollen wir uns in Windeseile.

29

Im Frühjahr 1944 wird ein Aufruf zum totalen Luftschutz erlassen und ein Meldedienst eingerichtet, der die Bevölkerung rund um die Uhr über den Anflug feindlicher Bomberverbände unterrichtet. Einige Monate später dann die Aufforderung, die Luftschutzkeller durch Maueranschüttungen zusätzlich zu sichern. In den Kellern werden die Mauern zu den Nachbarhäusern durchbrochen, so daß die Häuser einer ganzen Straßenzeile unterirdisch miteinander verbunden sind. Dadurch entstehen mehrere Fluchtwege, falls Menschen verschüttet werden. Außerdem werden Stollen in die Stadtwälle getrieben und mit starken Bohlen abgestützt. Da wir direkt am Wall wohnen, gehen wir nun immer in den Wallbunker. Wenn Voralarm ausgelöst wird, schalten wir das Radio ein.

Wenn es heißt: »feindliche Kampfverbände im Anflug auf den Großraum Berlin«, besteht für uns keine Gefahr. Wird dagegen gemeldet: »feindliche Kampfverbände im Anflug auf den Raum Hannover-Braunschweig«, sputen wir uns, in den Bunker zu kommen. Der erste größere Angriff auf Göttingen hat im Sommer stattgefunden. Bei diesem Angriff gab es auch die ersten Toten. Inzwischen finden verstärkt Vorführungen zur Bekämpfung von Brand- und Phosphorbomben statt. In öffentlichen Gebäuden werden Brandwachen eingerichtet, auch in den Schulen. Es scheint, daß auch wir uns jetzt auf schlimme Zeiten einstellen müssen. Ich habe meine »Feuertaufe« bereits in Merseburg erhalten. Die Erinnerung an dieses Erlebnis läßt mich nachts schreiend hochfahren.

Dann erfolgt tatsächlich einige Tage nach meiner Rückkehr der erste große Angriff auf Göttingen. Wir sitzen gerade beim Abendbrot, als es Voralarm gibt. Mutter beruhigt uns, sie glaubt, daß wir in aller Ruhe zuende essen können. Die Sirene ist kaum verstummt, als sie wieder einsetzt, Vollalarm. Durch das gellende, auf- und abschwellende Geheul hören wir schon das dumpfe Dröhnen der anfliegenden Bomber. Ruth springt auf, sie ist zum Brandschutz in der Firma eingeteilt. Mutter greift sich Hannelore und ihre Kassette mit den persönlichen Papieren. Margret und Jürgen sind schon vorausgelaufen. Ich nehme unser Luftschutzgepäck und haste hinterher. In den Wallbunker kommen wir nicht mehr, ringsum schlagen schon die Bomben ein. Wir drängen uns in unserem kleinen Keller zusammen. Die Gläser klirren im Regal, Dröhnen und Krachen erfüllt die Luft. Mutter schreit auf: »Wo ist Jürgen?« Er ist nicht da. Ich suche die anderen Kellerräume ab, kann ihn aber nicht finden. Plötzlich springt unter einer starken Druckwelle die Kellertür zum Garten auf, da höre ich ihn schreien. Er steht auf halbem Weg zwischen Haus und Bunker und brüllt wie am Spieß. Auch als ich ihn Mutter in die Arme lege, kann er sich lange nicht beruhigen. Der arme Kerl, er war vorausgelaufen und ist im Bombenhagel einfach stehengeblieben, als er merkte, daß wir nicht nachkamen. Nach langen Stunden endlich Entwarnung. In unserer Wohnung ist alles heil geblieben, aber es gibt kein Gas und keinen Strom. Die beiden Kleinen müssen ihre Milch kalt im Dunkeln trinken.

Am nächsten Tag erfahren wir, daß unter anderem das Gaswerk schwer getroffen wurde. Die Gasversorgung bleibt bis auf weiteres gestört. Auf dem Weg zur Schule sehe ich das ganze Ausmaß der Zerstörungen am Geismartor. Es hat Tote und viele Verletzte gegeben. Am Abend, fast zur gleichen Zeit wie am Vortag, wieder

Alarm. Dieses Mal schaffen wir es bis in den Bunker. Der Angriff ist viel heftiger. Die Einschläge klingen durch das Erdreich gedämpfter, aber auch näher. Jegliche Unterhaltung verstummt, selbst die kleinen Kinder sind still. Die Menschen kauern geduckt, wie zum Sprung bereit, blanke Angst in den Augen, die Arme schützend um ihre Kinder geschlungen. Selbst unser Luftschutzwart, der sonst immer aufmunternde Sprüche parat hat, ist verstummt. Gebeugt hockt er nahe der Tür, bewegungslos, die Augen geschlossen. Erst als die Einschläge nachlassen, erwacht er wieder zum Leben. Vorsichtig öffnet er die Bunkertür, um nachzusehen, was in unmittelbarer Nähe getroffen wurde.

»Unser Haus steht noch«, ruft er über die Schulter. Die Menschen atmen auf, frische Luft strömt in den stickigen Bunker, die Kinder regen sich. Wir sind wieder einmal davongekomen, wenn auch mit knapper Not. Ringsumher haben die Bomben große Verwüstungen angerichtet. Die Universitätsbibliothek ist völlig zerstört, Commerzbank und Johanniskirche sind stark beschädigt, und die halbe Maschstraße ist wie wegrasiert, keine fünfhundert Meter Luftlinie von unserem Haus entfernt. Es hat wieder viele Opfer gegeben. Die Aufräumungsarbeiten dauern Tage. Nach diesen beiden Angriffen ist nichts mehr wie früher. Die Menschen sind in sich gekehrt, sprechen nur das Nötigste. Die Angst geht um. Wie wird das alles enden?

Trauriges Weihnachtsfest. Mutter hat einen kleinen Baum geputzt. Die beiden Kleinen strahlen, als sie die Kerzen ansteckt. Sie hat kleine Geschenke für uns. Hannelore bekommt einen Teddybären, Jürgen eine Holzeisenbahn, Margret ein Püppchen, Ruth einen Füllfederhalter. Für mich gibt es ein Etüdenbuch für meine Klavierstunden. Ich setze mich ans Klavier und spiele ein paar Weihnachtslieder. Singen mag keiner. Mutter zieht sich zurück. Als wir sie suchen, finden wir sie weinend im Schlafzimmer.

Silvesternacht. Die Stadt scheint wie ausgestorben. Es ist so dunkel. Was wird uns das neue Jahr bringen?

30

Neujahrsmorgen 1945. Am späten Vormittag Voralarm. Wir schalten sofort das Radio ein. »Feindliche Kampfverbände im Anflug auf den Raum Hannover-Braunschweig«, heißt es mal wieder. Das kann uns gelten. Seit den schweren Bombardierungen im November steht unser Luftschutzgepäck immer griffbereit. Die Nachlässigkeit der ersten Kriegsjahre ist längst einer tiefen Angst gewichen. Bei Vollalarm gehen wir sofort in den Bunker. Die Menschen drängen sich noch vor der Bunkertür, als die ersten Bomben fallen. Die Einschläge klingen ziemlich nahe. Als letzter erscheint unser Pastor Hermann Runte mit seiner Familie. Ich fühle mich geborgen, wenn ich weiß, daß er da ist. So, als hielte er seine Hände schützend über seine Schäfchen. Ich habe Konfirmandenunterricht bei ihm und mag ihn sehr. Sein Garten grenzt an unseren Hof. Er nennt mich »Nachbarin«, und ich sehe eine Art Vater in ihm.

Fünfzig Jahre später, Runte liegt längst unter der Erde, wird dieses Vertrauen nachträglich erschüttert. Ich stoße in dem Buch *Die jüdischen Bürger in Göttingen* auf Runtes Namen. Dort heißt es unter dem Eintrag *Bruno Benfey*, Pastor in St. Marien, unter anderem: »Als Bruno Benfey, dessen Großeltern bereits zum Christentum übergetreten waren, 1927 nach Göttingen auf die zweite Pfarrstelle in St. Marien berufen wurde, erhob eine kleine Gruppe von Gemeindemitgliedern wegen seiner jüdischen Herkunft Einspruch. (...) Obwohl die Generalsynode der preußischen Landeskirchen im September 1933 beschlossen hatte, Pfarrer und Kirchenbeamte jüdischer Abstammung aus dem Amt zu entlassen, und zudem im Kirchenvorstand der Göttinger St. Marien-Gemeinde inzwischen überwiegend NSDAP-Mitglieder saßen, konnte Bruno Benfey seine Arbeit vorerst noch ungestört fortsetzen.« 1936 soll die Stelle neu besetzt werden. Dazu heißt es weiter: »(...) der NSDAP-dominierte Kirchenvorstand wollte jedoch das SA-Mitglied Pastor Runte in das neue Amt holen.« Es wurden Auskünfte eingeholt und ein Bericht verfaßt, in dem erhebliche Bedenken gegen Pastor Runte erhoben wurden. Aber der Kirchenvorstand setzte sich durch. Der SA-Mann Runte wurde neuer Pastor in St. Marien. Mein Pastor, ein SA-Mann.

Aber noch fühle ich mich geborgen in seiner Nähe. Als die Bombeneinschläge näherkommen, betet er für uns. Obwohl ich bei der nächsten Detonation unwillkürlich den Kopf einziehe, habe ich das Gefühl, daß mir nichts passieren kann, als er seine Hand wie segnend auf meinen Kopf legt.

Wie das alte Jahr endet, so beginnt das neue: mit Bomben, Mord und Totschlag. Die meisten Bombenopfer sind russische Kriegsgefangene, die zu Aufräumarbeiten eingesetzt werden. Ihre elenden Baracken befinden sich auf dem Schützenplatz. Man sieht sie kolonnenweise durch die Stadt schlurfen, wenn sie zum Arbeitseinsatz geführt werden, in Lumpen gekleidet, die Hosen mit Stricken festgebunden, die Füße mit Lappen umwickelt, keiner besitzt festes Schuhwerk. Und das bei großer Kälte.

Ich erlebe diese Männer aus nächster Nähe bei unserem Kaufmann. Abends steht oft ein Trupp dieser zerlumpten, hohlwangigen, kahlgeschorenen Gestalten in der äußersten Ecke des Ladens. Herr Bodmann bedient erst die deutschen Kunden, die Russen müssen warten. Eines Abends wird mir klar, warum er sie warten läßt. Ich kehre zurück, weil ich etwas vergessen habe. Die Ladentür ist bereits abgeschlossen, aber bei Bodmanns kann man immer »hintenrum« rein. Als ich den Laden durch die Hintertür wieder betrete, bietet sich mir ein seltsamer Anblick: Herr Bodmann, über Kisten gebeugt, umgeben von den zerlumpten Gestalten. Er steckt ihnen Kartoffeln und Rüben in ihre unter den Lumpen verborgenen Beutel. Als er mich bemerkt, hält er einen Moment inne, fährt aber dann mit seiner Verteilung fort. Jeder bekommt noch ein Extrapaket in die Hand gedrückt. Er sieht mich eindringlich an und sagt: »Unser täglich Brot gib uns heute, und vergib uns unsere Schuld«, dabei schließt er hinter dem letzten Russen die Ladentüre zu. Erst heute ist mir klar, in welcher Gefahr er schwebte. Konnte er sicher sein, daß ich meinen Mund halte? Ein Kaufmann als heiliger St. Martin und ein Pastor als SA-Mann.

Brief von Papa. Er schreibt: »Nun ist das neue Jahr herangekommen, es hat uns wachsam angetroffen, und wir waren vor Überraschungen geschützt. Hoffentlich haben Euch die Flieger einigermaßen verschont. Meine Gedanken waren in tiefster Verbundenheit bei Euch. Ich habe schon über eine Woche keine Post von Euch. Es ist zum Verzweifeln. Wir wollen nun die Briefe numerieren, da kann man besser kontrollieren, wieviel Post eventuell verlorengeht. Hoffentlich kommt bald der Tag, an dem wir uns gesund wiedersehen. Wie sieht es denn in Göttingen aus? Ich denke immer an Euch!«

Ja, wie sieht es in Göttingen aus? Beim letzten Bombenangriff sind unzählige Fensterscheiben zu Bruch gegangen, nicht nur unsere. Ganze Straßenzeilen gähnen mit leeren Fensterhöhlen. Lautsprecherwagen fahren durch die Stadt und geben bekannt, daß bei den Ortsgruppen Pappe und Rollglas bereitliegen. Familien mit kleinen Kindern bekommen Glas für Küche und Schlafstube, allerdings muß man die Fensterflügel selbst zur Glaserei schaffen. Ruth und ich schleppen einen Fensterrahmen zur Glaserei Blessmann. Die Schlange der Wartenden ist lang. Ehe wir an die Reihe kommen, ist das Glas ausgegangen. Wir machen uns wieder auf den Weg, holen Pappe und nageln unsere Fenster zu. Jetzt brauchen wir uns um Luftschutzmaßnahmen nicht mehr zu sorgen, kein Lichtstrahl dringt nach draußen. Strom ist stundenweise abgeschaltet, auch das Gas ist rationiert. Mutter kocht in der Nacht, wenn das Gas stärker ist, und wir essen bei Kerzenlicht. Wenn wir Kerzen haben.

Eines Tages sehe ich meinen Freund Günther mit einem Handwagen voll Teerpappe ankommen, die er in zerbombten Häusern aus den Trümmern gewühlt hat. Ich leihe mir Tante Annas Handwagen und mache mich sofort auf den Weg. Ich überlege, wo die letzten Bomben gefallen sind: am Güterbahnhof und am Stadtfriedhof. Am Güterbahnhof habe ich Glück. Ein Schuppen ist zusammengebrochen, und ich kann vom Dach soviel Teerpappe runterreißen, daß mein Wagen bald voll ist. Plötzlich höre ich schwere Stiefel näher kommen. Hinter meinem Handwagen taucht ein Soldat auf, das Gewehr im Anschlag. Als ich mich aufrichte und er sieht, daß er ein Kind vor sich hat, senkt er das Gewehr. »Hier ist Sperrgebiet. Wie bist du hier reingekommen?« Ich erkläre ihm alles, sage ihm, daß wir nichts mehr zu brennen haben, kleine Geschwister, Papa an der Front, Fenster kaputt, alles kalt, und fange vor Aufregung an zu heulen.

»Komm mal mit.« Er geht auf einen Schuppen zu, der bis unters Dach mit Koks gefüllt ist. Er stellt sein Gewehr an die Wand, schaufelt einen Sack Koks ein und schleppt ihn auf den Handwagen. »So, nun sieh zu, daß du heil nach Hause kommst.« Ich fange wieder an zu weinen, diesmal aus Dankbarkeit. »Nun, nun, ist ja gut«, beruhigt er mich, nimmt die Deichsel und zieht meinen Wagen bis an den Rand des Sperrgebietes. »Nun kann dir nichts mehr passieren. Hau ab.« Und ob ich abhaue, allerdings langsam, denn der Wagen ist sehr schwer.

Brief von Papa: »Seit sieben Wochen habe ich keine Post von Euch. Ich konnte einige Tage nicht schreiben, wir hatten viel zu tun. Ich hoffe von Herzen, daß bei Euch alles in Ordnung ist. Wann wird der Tag kommen, wo wir wieder vereint sind? Ich darf gar nicht daran denken. Was bist Du für eine tapfere Frau! Hast Du Post von Gerda? An allen Fronten toben jetzt heftige Schlachten. Laßt uns beten, daß wir heil daraus hervorgehen. Ich liebe Euch innig.«

31

Unser Leben wird jetzt von den Sirenen bestimmt. Am Tag kommen die amerikanischen, nachts die englischen Flugzeuge. Wenn auch nicht immer Bomben abgeworfen werden, weiß man doch nie, was passiert. Einige Familien haben sich im Bunker Schlafplätze eingerichtet und gehen zur Schlafenszeit gleich in ihre »Bunkerbetten«. Unterricht findet kaum noch statt. Wir gehen zwar zur Schule, aber es gibt fast täglich Alarm. Die Schulen erhalten eine Vorabwarnung, damit Schüler, die in der Nähe wohnen, nach Hause laufen können.

Manches Mal renne ich, vom Geheul der Sirenen gejagt, über den Stadtwall nach Hause. Tauchen die Bomberverbände auf, weiß man sofort, ob es gefährlich wird oder nicht. Fliegen sie ganz hoch, ist es ungefährlich, ihr Ziel ist weiter weg. Sie fliegen in keilförmiger Formation, wie Wildgänse. Aber statt des Schnatterns der Gänse ertönt bedrohliches Grollen, gedämpft durch die große Entfernung. Ab und an blitzt ein Flugzeug in der Sonne auf. Eines Tages erreiche ich gerade noch das Gauß-und-Weber-Denkmal auf dem Wall. Der Himmel ist tief verhangen. Die Motoren dröhnen so laut, daß die Luft vibriert. Es müssen viele Maschinen sein. Plötzlich reißen über der nahegelegenen Herbart-Schule die Wolken auf. Ich sehe die Bomber, gespenstisch, riesengroß. Und da ist auch schon das Heulen und Krachen um mich herum. Ich haste zum Eingang des Splittergrabens, die Tür ist jedoch von innen verschlossen. Ich hocke mich auf die Außentreppe und schließe meine Augen vor Angst.

Als die Bombeneinschläge aufhören und das Dröhnen in der Luft nachläßt, renne ich weiter. Zwei Wälle, dann bin ich zu Hause, falls noch ein Zuhause existiert. Das Haus steht noch, Gott sei Dank! Die nächste Welle der Bomber rollt heran, ich höre sie kommen, aber ich erreiche unseren Bunker rechtzeitig. Wieder eine verschlossene Tür. Ich hämmere dagegen, bis meine Knöchel bluten. Das Dröhnen und Krachen über mir wird immer lauter, aber sie haben mein verzweifeltes Klopfen gehört, die Tür wird von innen aufgestoßen. Ich kauere mich nieder und lasse die Schimpftirade des Luftschutzwartes über mich ergehen.

»So ein Leichtsinn! Wo hast du dich rumgetrieben? Unverantwortlich, die Bunkertür während eines Angriffes zu öffnen! Du hast alle in Gefahr gebracht!« Ich höre ihn zwar, aber mir ist alles egal. Meinetwegen kann die nächste Bombe uns treffen.

Bei diesem Angriff hat es viele Opfer gegeben. Auf dem Marktplatz findet eine öffentliche Trauerfeier statt. Militär, Partei, HJ und BDM sind angetreten, in der Mitte die fahnenbedeckten Särge der Opfer. Vor den Särgen aufgereiht Hitlerjungen mit Kränzen. Viele Menschen sind gekommen. Ich habe Dienst und erlebe alles aus nächster Nähe. Die Feier wird eröffnet mit einem Trommelwirbel der HJ. Wir singen das Lied *Heilig Vaterland*. Die Namen der Opfer werden verlesen, es folgt die Rede eines Parteifunktionärs. Während die Kränze niedergelegt werden, singen wir *Ich hatt' einen Kameraden,* und die Soldaten schießen Ehrensalven über die Särge. Tief beeindruckt komme ich heim und fange an zu erzählen. Aber Mutter will nichts hören, sie erträgt es nicht.

Post von Papa: »Endlich habe ich wieder Post von Euch. Aber der Brief war sieben Wochen unterwegs. Es ist so eine unbeschreibliche Freude, wenn man aus dem Einsatz zurückkommt und findet liebe Post vor. Ich bin ein ganz anderer geworden. Wenn man den Krieg in allen seinen Einzelheiten erlebt, wird man ruhig und still, und man gäbe alles dafür, wieder einmal in einer geborgenen Häuslichkeit zu sein. Das Lachen ist einem bitteren Ernst gewichen, hart und kantig ist das Gesicht, und die Augen suchen immer den Feind. In Gedanken sind wir über Raum und Zeit vereint. Du kleine tapfere Frau, wie liebe ich Dich.«

32

Die Mutter meiner Freundin hat eine hohe Funktion in der NS-Frauenschaft. Sie läßt Mutter ausrichten, daß sie gern einmal einen Besuch machen möchte. Mutter stimmt zu, und so erscheint sie eines Tages. Ganz unverblümt fragt sie, ob Mutter nicht etwas für Führer, Volk und Vaterland tun möchte, indem sie sich in der Frauenschaft betätigt. Da aber platzt Mutter, unserer kleinen, zurückhaltenden Mutter, der Kragen. Zum ersten Mal erlebe ich, daß sie heftig werden kann. »Was bilden Sie sich eigentlich ein«, faucht sie die Frau an. »Ich glaube, ich habe schon genug für Führer, Volk und Vaterland getan. Mein Mann ist seit fünf Jahren an der Front, und ich stehe mit meinen Kindern allein da. Wissen Sie überhaupt, wovon Sie sprechen? Sie haben doch Ihren Mann zu Hause, uk-gestellt, seit Kriegsbeginn unabkömmlich. Mein Mann ist auch unabkömmlich, bei sechs Kindern, sollte man meinen. Erzählen Sie mir nichts von Pflichterfüllung. Was haben Sie denn schon für Opfer gebracht? An Ihrem Leben hat sich doch bis jetzt nichts geändert. Aber unser Familienleben ist seit fünf Jahren zerstört. Ich pfeife auf diese abgedroschenen Parolen. Lassen Sie mich mit Ihren Sprüchen in Ruhe. Meinetwegen können Sie mich anzeigen, aber verlassen Sie bitte meine Wohnung.« Mutter weist ihr die Tür, ich bin sprachlos über diesen Ausbruch. »Jetzt fühle ich mich besser. Führer, Volk und Vaterland, daß ich nicht lache. Lange dauert es nicht mehr, dann will ich mal sehen, wo die bleiben mit ihrem Führer.«

33

Mein Freund Bernhard ist tot, umgekommen beim Bombenangriff vor drei Tagen. Wir hatten eine kleine Radtour gemacht und waren in der Weender Feldmark, als es Voralarm gibt. Er fordert mich auf, mit zu seiner Großmutter zu kommen, die ganz in der Nähe wohnt, in der Arndtstraße. »Nach Hause schaffen wir es nicht mehr, komm nur mit«, drängt er. Ich will heim und verabschiede mich hastig vor dem Haus. Als ich den Bahnhof erreiche, gibt es Vollalarm. Ich jage weiter, schaffe es dennoch nicht. Das bekannte Dröhnen und Grollen ist bereits über mir. Die Straßen sind leergefegt. Ich lasse mein Fahrrad fallen und laufe, suche einen Platz, an dem ich mich verkriechen kann. Fünfhundert Meter vor unserem Bunker kauere ich mich im Graben des Stadtwalls unter einen Busch, den Kopf eingezogen, zusammengerollt wie eine Kugel. Ich höre die Bomben durch die Luft sausen. Es beginnt mit einem sirrenden Ton, der schnell anschwillt, immer lauter und dröhnender wird, schließlich der Einschlag, die krachende Explosion. Ein schwacher Trost, daß einen Bomben, die man hört, angeblich nicht treffen. Direkt über mir ein Heulen, mein Busch gerät in heftige Bewegung, und es folgen Einschläge, die so druckvoll sind, daß es mich in meiner gebückten Haltung noch umwirft. Minutenlang schnappe ich nach Luft, habe das Gefühl, daß mein Kopf anschwillt, als ob er platzen will. Das war ganz nahe, aber auch der Höhepunkt der Bombardierung. Die Einschläge werden weniger. Ich robbe weiter über Scherben und Unrat. Blutig und zerschunden komme ich zu Hause an, Mutter ist entsetzt. Sie beruhigt sich langsam, als ich sie davon überzeuge, daß ich nur Kratz- und

Schnittwunden davongetragen habe. Und während ich unter dem Haselnußstrauch kauerte und vor Angst fast verging, war mein Freund Bernhard bereits tot. Das Haus seiner Großeltern hatte einen Volltreffer bekommen. Fassungslos lese ich die Traueranzeige in der Zeitung und kann es nicht glauben. Wäre er doch bloß mit mir gefahren! Hätte ich auf ihn gehört, ich läge jetzt mit ihm unter den Trümmern.

Mein Freund Bernhard, fünfzehn Jahre alt! Ein erster Kuß, abends unter der Wallbrücke, im Dunkeln. Tagelang konnten wir uns nicht in die Augen sehen.

34

Papa schreibt: »Endlich wieder Post von Euch. Der strenge Winter hält unvermindert an. Im Osten ist der Feind nun schon in viele deutsche Städte eingedrungen. Wir verfolgen hier mit banger Sorge den Kampf an der Heimatfront. Wie danke ich Dir, daß Du alles so tapfer meisterst. Geht bei Fliegeralarm nur immer gleich in den Keller, und bei Tieffliegern sofort von der Straße weg. Ich freue mich, daß Du den Kindern das Weihnachtsfest einigermaßen gestalten konntest. Es gehört in diesen schweren Zeiten viel dazu, an den alten Traditionen festzuhalten. Gerda hat mir auch sehr, sehr nett geschrieben. Ich bin beeindruckt, wie vernünftig sie ist. Ich kann mir Eure Freude vorstellen, als sie so unverhofft vor der Tür stand. Nun weiter die Zähne zusammengebissen und mutig vorwärts geschaut. Der Herr wird uns seinen Schutz geben.«

Unsere Freude ist groß, als Gerda eines nachts vor der Tür steht. Aber wie sieht sie aus! Mager und blaß. Sie hat wieder einen Abszeß mit hohem Fieber und wurde vom Truppenarzt acht Tage in Krankenurlaub geschickt. Als die Sirenen ertönen, fängt sie dermaßen an zu zittern, daß ihr die Tasse aus der Hand fällt. Voller Panik treibt sie uns zur Eile an. Aber auch unsere Sorglosigkeit hat sich ja längst in Angst verwandelt. Wir beeilen uns, in den Bunker zu kommen. Es fallen wieder Bomben, ganz nahe. Wir spüren die Druckwellen. Es ist ein Gefühl, als wenn einem die Luft mit Gewalt herausgepreßt wird. Nach zwei Stunden dann Entwarnung. In der Straße sind die restlichen Fensterscheiben zu Bruch gegangen. Damit haben wir keine Last mehr. Unsere Fenster sind schon mit Pappe vernagelt. Wir bringen die Kleinen wieder zu Bett.

Mutter drängt Gerda, sich auch hinzulegen, aber sie weigert sich. »Ich kann jetzt nicht schlafen, laßt uns lieber noch zusammensitzen.« Und dann erzählt sie uns, erst zögernd und stockend, schließlich immer flüssiger, ihre schrecklichen Erlebnisse der letzten Monate. Merseburg wurde Tag und Nacht von den schwersten Angriffen heimgesucht. Am Tage laufen sie und ihre Freundin Leni bei Voralarm in die Feldmark, um in Erdlöchern oder Gräben Schutz zu suchen. Die Flaksplitter pfeifen ihnen um die Ohren. Aber lieber so, als in der Schule verschüttet zu werden. Davor haben sie am meisten Angst. Eines Tages schießt die Flak ohne Vorwarnung. Gerda und Leni laufen los. Sie rennen über einen Acker und versuchen, eine Scheune zu ereichen, als schon ringsum die Bomben einschlagen. Auf allen Vieren kriechen sie weiter. Plötzlich winkt ein Arm aus der Erde. »Hierher«, ruft jemand. Es sind Soldaten, die in der Kanalisation Zuflucht gesucht haben. Leni und Gerda kriechen auf die Stelle zu, ein Soldat zieht sie in die Betonröhre, dann schließt er den Dekkel. Zu dieser Röhre laufen sie nun immer, wenn die Flak zu schießen beginnt. Vorwarnung gibt es nicht mehr, das Sirenensystem ist längst ausgefallen. Sie hocken vier Meter tief in der Erde, unter ihnen funkelt Wasser. Nachts dürfen sie die Schule bei Alarm nicht verlassen. Es funktioniert nichts mehr, kein Strom, kein Wasser. Sie hacken das Eis im Feuerlöschteich auf, um wenigstens Trinkwasser zu haben. Eines nachts brennt dann, während sie unten im Keller sitzen, über ihnen die Schule ab.

Sie werden nach Halle verlegt, und hier findet die Prüfung statt. Die Prüfungskommission besteht aus sechs hohen Offizieren, ordengeschmückt, glänzende Schaftstiefel, Monokel. Die Soldaten mokieren sich: »So ein Affenzirkus. Der Russe steht vor Berlin, und die spielen hier noch den dicken Maxe!« In Magdeburg sind sie das erste Mal im Einsatz, müssen Bomben unter Jagdflugzeuge hängen, bis auch hier durch die schweren Bombenangriffe alles lahmgelegt wird. Deutsche Flugzeuge steigen nicht mehr auf. Es findet kein geregelter Dienst statt, nur noch Aufräumungsarbeiten nach Luftangriffen. Das totale Chaos. Wir sind erschüttert. »Da lasse ich dich nie wieder hin, und wenn ich dich verstecken müßte.« Mutter ist zu allem entschlossen.

Hilfe kommt von ganz anderer Seite. Ein Freund von Gerdas Schwiegereltern ist Oberstabsarzt und leitet ein Lazarett in Göttingen. Als die acht Tage Krankenurlaub um sind, schreibt er Gerda weiter krank und schickt die Krankmeldung an den Truppenarzt. Außerdem sorgt er dafür, daß sie Soldatenrationen bekommt. Kommißbrot, Dauerwurst, Butter, Marmelade und Kaffee. Mutter brüht sich gleich eine Tasse auf. Wir Kinder machen uns über die Mettwurst her. Ständig haben wir Hunger. Der Arzt verlängert die Krankmeldung noch einmal. »Du bleibst zu Hause. Der Krieg ist sowieso bald vorbei«, beruhigt er Gerda, die voller Angst ist. Auf Fahnenflucht steht die Todesstrafe. Der Arzt hat sie sicher vor dem Schlimmsten bewahrt. Hätte sie versucht, sich zu ihrem Truppenteil durchzuschlagen, wer weiß, ob wir sie jemals wiedergesehen hätten.

35

In den letzten Wochen häufen sich die Tieffliegerangriffe. Geschossen wird auf alles, was sich bewegt, Züge, Autos, Menschen bei der Feldarbeit. Im Sportunterricht üben wir »Verhalten bei Tieffliegerangriffen«. Die Lehrerin dirigiert uns mit ihrer Trillerpfeife. Langer Ton: keine Gefahr. Wir gehen oder laufen ziellos in der Turnhalle herum. Zwei gleichmäßig feste Töne: Anflug der Maschinen, wir suchen Deckung. Ein kurzer harter Ton: Beschuß, zusammengekauert hocken wir hinter Kästen, unter den Turnpferden, unter Matten. Alles muß blitzschnell gehen. Dann wieder Aufspringen, Laufen, Deckung suchen, Beschuß. Wir albern herum. Die Heiterkeit erreicht ihren Höhepunkt, als meine Freundin Inge bemerkt: »Wenn uns jetzt Herr Meyer sehen könnte.« Auch unsere Lehrerin kann ein Schmunzeln nicht unterdrücken, verbietet ihr aber die Bemerkung über Göring, der bekanntlich zu Beginn des Krieges geäußert hatte, er wolle Meyer heißen, wenn je ein feindliches Flugzeug deutschen Boden überfliegen würde.

Und dann erleben Inge und ich einen Luftkampf, wie wir ihn nur aus den Wochenschauen kannten. Erster April, strahlender Sonnenschein. Wir wollen auf den Schillerwiesen jungen Löwenzahn sammeln. »Laß uns erst im Wald nachsehen, ob die Schlüsselblumen schon blühen«, sagt Inge. Wir pirschen durchs Unterholz bergauf zum Eulenturm, einem kleinen, alten Türmchen oberhalb der Wiesen. Es ist uns eigentlich verboten, allein durch die Wälder zu streifen, da schon wiederholt Blindgänger gefunden wurden. Auch Brandplättchen, vergiftete Süßigkeiten und explosive Füllhalter sollen die Alliierten angeblich abgeworfen haben, aber wir haben noch keine gefunden.

Der Waldboden ist wie ein bunter Teppich mit Leberblümchen und Anemonen durchwebt. Vereinzelt leuchten Schlüsselblumen in dem frischen Grün. Die Geräusche der Stadt dringen nur gedämpft herauf. Eingelullt vom Gezwitscher der Vögel und dem Gesumm der Bienen nehmen wir auf dem Turm ein Sonnenbad. *Es ist so still; die Heide liegt im warmen Mittagssonnenstrahle*, beginnt Inge zu deklamieren. »Jetzt du, jeder zwei Zeilen«, fordert sie mich auf. Wir nehmen *Abseits* von Theodor Storm gerade in der Schule durch. Ich liebe das Gedicht. Obwohl ich die Heide nicht kenne, sehe ich alles vor mir: die verfallene Kate, den alten Mann, den Jungen, der eine Pfeife schnitzt. *Laufkäfer hasten durchs Gesträuch, in ihren goldnen Panzerröckchen*, trägt Inge vor, und ich fahre fort, *die Bienen hängen Zweig um Zweig sich an der Edelheide Glöckchen, die Vögel schwirren aus dem Kraut – die Luft ist voller Lerchenlaut*. Entspannt, mit geschlossenen Augen rezitieren wir den Text: *Kein Klang der aufgeregten Zeit drang noch in diese Einsamkeit*.

Völlig abrupt dringt der *Klang der aufgeregten Zeit* dann doch in unsere Idylle. Ein Geschwader feindlicher Jagdflugzeuge fällt im Tiefflug über die unter uns liegende Stadt her. Im Sturzflug feuern sie ihre Bordwaffen ab, steigen steil wieder auf und verschwinden hinter dem Horizont. Wir sitzen wie gelähmt, zu keiner Regung fähig, als sie erneut auftauchen. Sie fliegen so tief, daß wir das Zeichen der Royal Airforce erkennen können. Wieder greifen sie an. In der Ferne steigen erste Rauchwolken auf, Treffer. In dieser Richtung liegen Güterbahnhof und Fliegerhorst. Flak beginnt zu feuern, aber sie sind bereits außer Reichweite. Alles geht rasend schnell. Und da sind sie wieder. Wir sehen die Feuergarben aus den Bordkanonen, hören Explosionen. Plötzlich schießen wie ein Rudel Krähen, deutsche Flugzeuge auf sie nieder. Wir stehen gebannt auf unserem Turm und sehen dem faszinierenden Schauspiel zu. Ein englisches Flugzeug fängt an zu trudeln und zieht eine schwarze Rauchwolke hinter sich her. Sekunden später ist es unseren Blicken entschwunden, wir hören einen Aufprall, dem eine heftige Detonation folgt.

Wie ein Spuk ist alles vorüber, als sei nichts gewesen. Wir hören das Zwitschern der Vögel wieder, ein Kuckuck ruft. Weit weg heult eine einsame Sirene. Die Idylle ist zerstört, wir sind nicht länger »abseits«. »Guck mal, wer da kommt«, ruft Inge und deutet nach oben. Gegen die Sonne blinzelnd, sehe ich ihn: Einen Fallschirm. Vollkommen lautlos gleitet er auf uns zu, wir erkennen die Lederkleidung des Piloten. Unfähig, uns zu rühren, verharren wir. Er schwebt über unsere Köpfe hinweg und verschwindet hinter den Baumwipfeln. »Jetzt aber schnell, der ist ganz in der Nähe runtergekommen«, schreit Inge und hastet den Abhang hinunter, »beeil dich!« Weiter unten auf der Schillerwiese halten wir, schnappen nach Luft und schauen zurück. Der Wald sieht aus wie immer, läßt nichts von der Tragödie ahnen, die sich dort sicher bald abspielen wird. Sie werden ihn suchen und gefangennehmen; wenn er sich zur Wehr setzt, werden sie ihn erschießen. Wie er aus seiner Maschine auf Zivilisten geschossen hat. Am nächsten Tag lesen wir in der Zeitung, daß im Wald bei Herberhausen ein kanadischer Pilot, dessen Flugzeug bei dem Luftkampf abgeschossen wurde, von einem Suchtrupp aufgespürt und gefangengenommen wurde.

36

Post von Papa. »Ich habe seit Wochen keine Post von Euch. Ich bete darum, daß Ihr alle wohlauf seid. Es ist eine wildbewegte Zeit. Man verliert jeglichen Sinn für Zeit und Raum. Ich bewundere Dich, wie Du alles so allein durchkämpfen mußt, ohne daß ich Dir beistehen kann. Und dann die ständige Sorge wegen des Bombenterrors. Ich habe die feste Zuversicht, daß nach diesen schrecklichen Jahren eine schönere und bessere Zeit kommen wird. Bei uns ist es im Moment auch ziemlich bewegt. Der Winter nimmt kein Ende, es ist ziemlich kalt. Nun steht auch Ilses Konfirmation vor der Tür. Ihr werdet sie sicher dem Ernst der Zeit entsprechend begehen. Ich darf gar nicht daran denken. Hoffentlich setzt bald Tauwetter ein, damit es wenigstens etwas wärmer wird. Möge uns der Herrgott beistehen. Innige Grüße.«

Ja, meine Konfirmation. Mutter hat irgendwo ein Kleid für mich beschafft. Es ist eher für eine Dreißigjährige geeignet, ich fühle mich gar nicht wohl darin. Gerda leiht mir ihren Mantel, Schuhe sind nicht aufzutreiben. Ich muß in meinen alten, ausgelatschten Botten zur Kirche gehen. Die Sohlen haben sich gelöst und schlappen beim Gehen nach. Klebstoff gibt es schon lange nicht mehr.

Die Kirche ist bis auf den letzten Platz besetzt, der Altar mit Frühlingsblumen geschmückt. Mitten in der Predigt Voralarm. Unser Pastor unterbricht den Gottesdienst und fordert die Gemeinde auf, nach Hause zu gehen und nach der Entwarnung wiederzukommen. Vollalarm. Die Bomberverbände fliegen heute hoch, wir bleiben wohl verschont. Und so ist es denn auch. Nach zwei Stunden versammeln wir uns wieder in der Kirche, und der Gottesdienst wird fortgesetzt. Als wir eingesegnet werden und vor dem Altar niederknien, höre ich hinter mir leise Geräusche. Schlapp-schlapp, meine Schuhsohlen haben sich wieder selbständig gemacht. Am Nachmittag kommt der Pastor und bringt mir einen Strauß Schneeglöckchen aus seinem Garten.

Post von Papa, geschrieben an seinem Geburtstag, dem zehnten Februar. Der Brief war sechs Wochen unterwegs. Er schreibt: »Ich habe zum heutigen Tage nicht einmal einen kleinen Schnaps, aber das ist nicht das schlimmste, das kann man später nachholen. Meine Gedanken sind bei Euch. Wir dürfen den Glauben und die Hoffnung auf eine bessere Zeit nie verlieren. Habt Ihr inzwischen Nachricht von Sösi erhalten? Innige Grüße.«

Es gibt Nachricht von Sösi. Gerdas Verlobter wurde von seinem Truppenteil als vermißt gemeldet. Er war zuletzt auf einem Minensuchboot. Das Schiff wurde torpediert und ist gesunken.

Unsere Tage werden jetzt bestimmt vom Schlangestehen. Brot haben wir zwar immer genug, dafür sorgt Gerdas Schwiegervater, aber sonst herrscht großer Mangel. Manchen Tag haben wir nicht einmal Milch für die beiden Kleinen. Es ist eine eigenartige Atmosphäre in der Stadt. Die Menschen sind hektisch, rennen hin und her, um noch irgendetwas zu ergattern. Die Amerikaner kommen immer näher. Wenn nicht noch ein Wunder geschieht, wird es nicht mehr lange dauern, bis sie hier sind. Aber an Wunder glaubt kein Mensch mehr.

Und dann eines Tages eine Bekanntmachung in der Zeitung: »Göttingen wird Frontgebiet«. Nun ist es soweit. Die Bevölkerung wird vor Gerüchten gewarnt, die von den Feindsendern verbreitet werden. Es soll alles Erforderliche veranlaßt werden, um die Zivilbevölkerung zu schonen. Aber von jedem würden jetzt besondere Opfer verlangt. Was für Opfer sollen wir denn noch bringen?

Brief von Papa: »Wir sind jetzt ständig unterwegs, immer weiter von Ort zu Ort, ein richtiges Zigeunerleben. Aber einmal wird auch das ein Ende haben. Ganz riesig gefreut habe ich mich über die Bilder der Kinder. Hannelore ist ja ganz allerliebst, so ein kleines, niedliches Mädchen. Dank auch für die Innigkeit, die aus Deinen lieben Zeilen spricht. Halte nur weiter tapfer den Kopf hoch. Wenn nur das Heimweh nicht wäre. Bitten wir nur immer den lieben Herrgott, daß er uns in seiner Kraft beschützen und beistehen möge.«

37

Fünfter April, Mutters Geburtstag. Wir sitzen auf geschnürten Bündeln. Göttingen soll verteidigt werden. In der Nacht fahren Lautsprecherwagen durch die verdunkelte Stadt. Die Bevölkerung wird aufgefordert, Ruhe zu bewahren. Frauen und Kinder sollen die Stadt verlassen. Die Zurückbleibenden haben kochendes Wasser bereit zu halten und aus dem Fenster zu schütten, wenn die Amerikaner auftauchen. Welcher Wahnsinn! Kochendes Wasser gegen Panzer. Unheimliche Atmosphäre, Untergangsstimmung. Die Nacht vergeht in beklemmender Ruhe. Kein Alarm, keine Flugzeuge, keine Bomben. Ruhe vor dem Sturm.

Am Morgen kommt Onkel August mit den neuesten Gerüchten, offizielle Nachrichten gibt es nicht mehr. Die amerikanischen Panzerverbände sollen Kassel erobert haben und auf Göttingen vorstoßen. »Nach den Panzern kommt ein berittenes Negerregiment mit Messern im Maul. Bringt euch in Sicherheit, Grete.« Sprach's und verschwand, und läßt Mutter mit uns Kindern sitzen. Bringt euch in Sicherheit! Wohin?

In der Straße wird es unruhig. Familien beladen ihre Handwagen und flüchten aus der Stadt, fast nur Frauen und Kinder, angeführt von wenigen Männern in Zivil. Unmutige Stimmen werden laut: »Die sollten man lieber ihre SA-Uniformen wieder anziehen und ihren bedrängten Kameraden an der Front zu Hilfe eilen, anstatt hier Frauen und Kinder herumzukommandieren.«

Später erfahren wir, daß der Treck kurz vor Herberhausen von den Amerikanern eingeholt wurde, die den Kindern Schokolade und Kaugummi zuwarfen. Das also ist der böse Feind!

Wir sitzen immer noch auf unseren Bündeln und wissen nicht wohin. Vorsichtshalber verbrennen wir schon mal die Fahne und das Führerbild. Papas Kriegsauszeichnungen haben wir versteckt. Wir haben nichts mehr zu essen. Die Geschäfte sind geschlossen, aber die hatten ohnehin nichts mehr zu verkaufen. Mutter ist dafür, daß wir uns zur Großmutter ins Ebertal durchschlagen.

»Da sind wir nicht so mittendrin, und die Familie ist zusammen. Vielleicht gibt es da auch noch etwas zu essen.« Nachbarn leihen uns einen Handwagen, wir laden das Nötigste auf und machen uns auf den Weg. Die Straßen sind wie leergefegt. Eine geisterhafte Ruhe herrscht in der Stadt, nur unterbrochen von Militärfahrzeugen. Keiner weiß, wo die Front ist, ob überhaupt noch gekämpft wird.

Wir haben die Hälfte des Weges geschafft, als die Bomberverbände wieder auftauchen. Es dröhnt und orgelt direkt über uns. Der Spuk entfernt sich, die Geräusche werden leiser, dann kommen sie zurück. Die Flugzeuge scheinen über Göttingen zu kreisen. Als die Wolken aufreißen, sehen wir sie. Sie fliegen so tief, daß wir die Bordkanonen erkennen können. Nur weiter! Wir pirschen uns von Deckung zu Deckung, jeder Baum ist ein Geschenk des Himmels. Der Steinsgraben zieht sich in die Länge. Kein Mensch auf der Straße. Wo sind denn nur alle? Sitzen bestimmt in den Luftschutzkellern. Eine Geisterstadt, eine unheimliche, unwirkliche Welt kurz vor dem Untergang.

Aber wir schaffen es, kommen heil an, kein Schuß ist gefallen. Bei Oma ist alles gedrängt voll. Ein Teil der Verwandtschaft hat sich hierher geflüchtet. Kinder drücken sich in die Ecken, blaß vor Angst. Wir gesellen uns zu ihnen. Soldaten aus der naheliegenden Kaserne tauchen auf und fragen nach Zivilkleidung. Alles was entbehrlich ist, wird hergegeben, die Uniformen werden im Garten vergraben. Die Soldaten fliehen in die Wälder.

Bomberverbände kreisen Stunde um Stunde. Die Nacht bricht an, die Verbände kreisen weiter. Gerüchte machen die Runde. Die Stadt soll verteidigt werden. Es ist klar, daß Göttingen dann ausradiert wird. Ein neues Gerücht: Göttingen soll kampflos übergeben werden. Oh Gott, hoffentlich! Vielleicht gibt es doch noch vernünftige Menschen in diesem Chaos.

Wir versuchen zu schlafen, rücken nahe zusammen. Am nächsten Morgen wird das letzte Brot aufgeteilt. Oma bestreicht es mit Erdbeermarmelade.

Es ist Nachmittag geworden. Die Bomberverbände kreisen wieder. Mutter macht sich Vorwürfe, daß sie uns hierher gebracht hat, so dicht bei der Kaserne. Falls die Amerikaner angreifen, werden sie sich wohl zuerst auf militärische Ziele konzentrieren. Aber nun ist es zu spät. Großmutter drängt uns, in den Bunker am Kirschberg zu gehen. Sie selbst bleibt da, will ihr Haus nicht verlassen.

Der Bunker ist rappelvoll und nur notdürftig beleuchtet. Wir sehen fast nichts. Die Menschen sitzen an den Wänden auf der Erde. Es ist so eng, daß sie sich mit den Füßen berühren. Zwischen den ausgestreckten Beinen tasten wir uns im Dunkeln vorwärts. Murrende Stimmen: »Was wollen die denn noch, der Bunker ist voll.«

Schließlich gelangen wir an das Ende der Menschenkette, und da sind noch ein paar Meter Raum, wo nur wenige Menschen sitzen. Wir kauern uns neben ihnen nieder. Jemand zündet eine Kerze an, die sofort wieder erlischt. Kaum noch Sauerstoff, aber der kurze Moment hat genügt, um zu erkennen, daß der Bunker hier nicht mehr abgestützt ist. Wir sitzen wie Maulwürfe in der nackten Erde. Es herrscht absolute Stille, hin und wieder eine flüsternde Stimme.

Ich habe wohl geschlafen, wie lange weiß ich nicht. Als ich aufwache und mich umsehe, gerate ich in Panik, bekomme plötzlich keine Luft mehr. Auf allen Vieren krieche ich zurück über die ausgestreckten Beine. Nur raus hier, raus, raus! Die Bunkertür ist verschlossen, ich bekomme sie nicht auf. Irgendjemand öffnet sie, und dann bin ich draußen. Eine scheltende Stimme: »Zurück, zurück!«

Ich taumele, Arme fangen mich auf. Als ich wieder zu mir komme, sitze ich an einen Baum gelehnt. Es ist Nacht geworden. Ich atme tief durch. Dann dringt das Schreckliche langsam in mein Bewußtsein. Ich habe das Gefühl, in einem Theater zu sitzen, und unten auf der Bühne spielt sich dieses unglaubliche Drama ab. Hier oben ist es dunkel, aber im Tal hat die Hölle ihre Pforten geöffnet. Der Himmel über Göttingen ist blutrot vom Widerschein des riesigen Feuers, das dort unten wütet. Gelbe Flammen schlagen laut knatternd haushoch in den roten Himmel. Die Einschläge dröhnen herauf. Dazwischen kleinere Explosionen, wie zu Ketten aneinandergereiht, und schwere Detonationen, die noch hier oben den Boden erschüttern. Gestalten bewegen sich in der Dunkelheit um mich herum. Vor dem roten Hintergrund wirken sie wie Scherenschnitte. Sie sprechen miteinander. »In der Richtung liegt der Güterbahnhof. Die haben wohl die Munitionszüge voll erwischt.« Als ich Jahre später Dantes *Inferno* lese, habe ich genau diese Bilder vor Augen.

Ich weiß nicht, wie lange ich schon hier an diesem

Baum lehne. Der Himmel ist etwas heller geworden. Die Bombeneinschläge haben aufgehört. Das Orgeln der Bomber wird leiser. Sie drehen ab. Nur noch einzelne Detonationen.

Die Leute kommen aus dem Bunker, machen sich schweigend auf den Heimweg. Es ist inzwischen hell geworden. Wir gehen zurück durch die blühenden Gärten. Die ersten Vögel zwitschern. Vor dem blutroten Himmel über der Stadt ballen sich schwarze Rauchwolken.

Großmutter hat eine Kartoffelsuppe gekocht, frische Kräuter aus dem Garten hineingetan. Wir löffeln gierig, die Starre löst sich langsam. Ich setze mich vor dem Haus in die Sonne und döse. Es tauchen wieder Soldaten auf, die nach Zivilkleidung fragen, aber wir haben keine mehr. Von ihnen erfahren wir, daß in der Kaserne die Lebensmitteldepots für die Bevölkerung offen sind. Mutter und ich machen uns sofort auf den Weg. Die Kaserne liegt auf dem Berg, die Straße steigt ziemlich steil an. Es ist warm. Ein wolkenloser, blauer Himmel wölbt sich über der Stadt. Keine Bomberverbände, alles ist ruhig.

Dann bricht es über uns herein. Es kommt singend, pfeifend, dröhnend und wirft uns um. Wir liegen platt auf der Straße, und es folgt Einschlag auf Einschlag. Ich krieche ganz dicht an Mutter heran, die Arme über dem Kopf. Wir liegen wie gelähmt, rühren uns nicht. Kein Ton, kein Laut, auch die Vögel sind verstummt. Ich will aufstehen und weglaufen, aber ich kann nicht. Wie von einer unsichtbaren Faust niedergedrückt, winde ich mich in den absurdesten Zuckungen. Aus einem der Gärten kommt ein Soldat gelaufen und hilft mir hoch. Er schimpft Mutter aus, fragt, was wir hier zu suchen haben und fordert uns auf, sofort umzukehren und uns in Sicherheit zu bringen.

»Das war eben amerikanische Artillerie, Warnschüsse. Wer weiß, was noch kommt.«

Wir laufen zurück. Es herrscht jetzt absolute Stille draußen, eine Stille voll knisternder Spannung. Und dann der Ruf: »Sie kommen, sie kommen!«

Alles strömt Richtung Hauptstraße. Ich laufe mit, mische mich unter die Leute, die sich dort versammelt haben. Die Menge steht stumm. Und jetzt hören wir es. Es kommt den Steinsgraben herauf, dröhnend, klirrend, kettenrasselnd. Ein Schrei aus vielen Kehlen. In einem Garten liegt ein Mann mit einer Panzerfaust im Anschlag. Zwei Männer jagen über die Straße, es gibt eine Rangelei, sie können ihn entwaffnen. Dieser Wahnsinnige!

Der Boden beginnt zu vibrieren, da kommen sie, da sind sie, sie sind da. Der erste Koloß rollt an uns vorüber. Weiter unten in der Straße laufen Frauen an die Panzer und reichen Frühlingsblumen hinauf. Die Soldaten lachen, winken. Die Menge steht stumm, wie versteinert. Ich sehe mich um. Viele Menschen weinen, stehen schweigend und weinen. Und da merke ich erst, daß auch mein Gesicht tränenüberströmt ist.

Wir haben uns wieder bei Großmutter versammelt. Ratlosigkeit. Wie geht es weiter? Was geschieht jetzt? Mutter entscheidet, daß wir erst einmal dableiben. Man muß abwarten. Noch eine Nacht in drangvoller Enge, aber ruhig, ruhig, die Stille dröhnt fast. Der Gedanke, daß der Krieg für uns zu Ende ist, dringt langsam ins Bewußtsein. So schlimm, wie es war, kann es nun nie wieder werden. Kein Fliegeralarm mehr, keine Bomben.

Am nächsten Morgen packen wir unseren Handwagen und machen uns auf den Heimweg. Uns ist ganz beklommen zumute, aber wir wollen nach Hause. Die Straßen wimmeln von amerikanischen Militärfahrzeugen. Die Soldaten winken. Unsere Beklommenheit weicht langsam. So furchtbar können die nicht sein, wenn sie uns so freundlich zuwinken. Vorsichtshalber setzen wir unseren Weg über die Wälle fort. Ruth und ich ziehen den Handwagen. Als wir beim Bismarckhäuschen um die Ecke kommen, stockt uns der Atem. Zwei Schwarze lehnen am Brückengeländer, das Gewehr im Anschlag. Sie schauen uns an, wir schauen sie an. Noch nie im Leben habe ich einen Neger gesehen. Aber sie haben wenigstens kein Messer im »Maul«, wie Onkel August behauptet hat. Wir stehen wie erstarrt. Plötzlich hebt der eine seine Maschinenpistole und macht *bum-bum-bum*. Wie von der Tarantel gestochen machen wir kehrt. Der Wagen kankelt auf zwei Rädern, aber er fällt Gott sei Dank nicht um. Das letzte, was ich im Weglaufen sehe, sind die blendend weißen Zähne in den schwarzen Gesichtern. Sie schlagen sich vor Vergnügen auf die Schenkel und lachen laut hinter uns her. In der Gartenstraße das gleiche: Schon von weitem sehen wir die Posten auf der Brücke des Leinekanals. Wir schlagen einen großen Bogen. Aber auch am Groner Tor stehen Wachen auf der Brücke. Hier trauen wir uns dann vorbei. Wir haben gar keine andere Wahl, über irgendeine Brücke müssen wir immer, um nach Hause zu kommen. Die Soldaten zwinkern uns zu. »Hey, honey«, sagt einer zu mir. Ich werfe meinen Kopf. Ich heiße nicht Hanni.

Zu Hause ist alles so, wie wir es verlassen haben, aber es gibt keinen Strom, kein Wasser und kein Gas. Zu essen haben wir auch nichts. Als wenn er es geahnt hätte, kommt Onkel Willy und bringt uns Brot, es ist noch warm. Nie hat Brot so gut geschmeckt! Er sagt uns, daß die Amerikaner erste Anordnungen für die Bevölkerung angeschlagen haben. Es herrscht Ausgangssperre von abends um sieben bis morgens um sechs. Es muß auch weiterhin verdunkelt werden. Die Post ist gesperrt, und Zeitungen sind verboten. Die Lebensmittelkarten werden beibehalten. So hat für uns die Nachkriegszeit begonnen, obwohl im Osten die schweren Kämpfe weitertoben. Aber davon erfahren wir erst später, als etwa Mitte April der Strom wieder eingeschaltet ist und wir Nachrichten hören können. Durchhalteparolen des Großdeutschen Rundfunks, der pure Irrsinn! Die Schlacht um Berlin ist in vollem Gange. Alles versinkt in Schutt und Asche. Die Armen, die jetzt noch ihre Haut zu Markte tragen müssen, wofür kämpfen sie noch? Und wo steckt Papa? »Wir wollen den lieben Herrgott bitten, daß er uns beisteht«, hat er in seinem letzten Brief geschrieben.

38

Nach und nach sickert zu uns durch, was sich Wochen und Tage vor dem Einmarsch der Amerikaner in Göttingen abgespielt hat. Aus vielen Mosaiksteinen entsteht ein Bild, das geprägt ist von Befehl und Gegenbefehl; hohe Offiziere, Oberbürgermeister und Professoren der Universität kontra Parteileitung. Während die ersteren Göttingen unter allen Umständen aus den Kampfhandlungen heraushalten wollten, befahl die Parteileitung, die Stadt festungsmäßig auszubauen und bis zum letzten Mann und bis zur letzten Patrone zu verteidigen.

Der Gauleiter hatte Anfang des Jahres die Parole »Lieber tot als Sklav'!« ausgegeben und die Kreisleiter aufgefordert, die Bevölkerung zum Kampf zu mobilisieren und Partisanengruppen zu bilden. Der Kreisleiter befahl den Kampfeinsatz von Frauen und Kindern. Meines Wissens hat aber niemand den Befehl befolgt. Eisenbahn- und Straßenbrücken wurden gesprengt, ebenso Anlagen des Fliegerhorstes und des Heereszeugamtes. Auch im Stadtgebiet waren Gebäude zur Sprengung bestimmt, unter anderem die Häuser der Kreisleitung, der Hitlerjugend, der Deutschen Frau und der Luftschutzleitung. Diese Sprengungen verhinderte der Polizeikommandant, indem er in der Nacht, bevor die Amerikaner einrückten, die Sprengsätze entfernen ließ.

Der Standortkommandant befahl den Truppen, aus Göttingen abzurücken, und ließ die Schanzarbeiten am Stadtrand zum Ausheben von Schützengräben und Panzersperren einstellen, damit die feindlichen Aufklärungsflugzeuge keinerlei Anstalten zur Verteidigungsvorbereitung feststellen konnten. Als die Front näherrückte, stellte er Posten an die Ausfallstraßen der Stadt, welche die zurückweichenden deutschen Verbände veranlaßten, um Göttingen einen Bogen zu schlagen, da die Stadt nicht verteidigt würde.

Der Kreisleiter unternahm noch eine letzte Anstrengung, indem er den Volkssturm zur Verteidigung der Stadt aufrief. Aber in Ermangelung von Waffen und Munition – es gab nur etwa hundert italienische Gewehre und fast keine Munition – kam auch diese Aktion der Partei nicht mehr zum Tragen. Nach einem letzten Appell an die Bevölkerung, sich bis zum Äußersten zu verteidigen und nicht zu kapitulieren, setzte sich der Gauleiter ab. Auch der Kreisleiter tauchte nach einer letzten Durchhalteparole unter und wurde nicht mehr gesehen.

Erst jetzt, nach dem Verschwinden der beiden Parteifunktionäre, hatten die Vertreter der Stadt freie Hand und konnten in eigener Verantwortung die weiteren Schritte unternehmen. Am Mittag des achten April fuhr der Oberbürgermeister mit einer Delegation den feindlichen Panzern entgegen und übergab die Stadt kampflos an die Amerikaner.

39

Die Amerikaner haben ihr Hauptquartier im Hotel Krone in der »Straße der SA«, die jetzt wieder Weender Straße heißt, aufgeschlagen. Man traut seinen Augen nicht. Die Wachen rekeln sich lässig in Clubsesseln vor dem Eingang, das Maschinengewehr an die Wand gelehnt. Aus dem Gebäude ertönt laute Jazzmusik. Das ist eine andere Welt, das sind Menschen von einem anderen Stern. Aber immer lustig, heiter, so locker, als wäre jeder Tag für sie ein Feiertag. Und immer wieder dieses »Hey, honey«. Inzwischen weiß ich natürlich, daß es ein Kosename ist. Freundlich sind sie, gepflegt, wohlgenährt und sehr kinderlieb. Ständig hängt eine Traube von Kindern bei den Posten herum, die mit Schokolade und Kaugummi nicht geizen.

Eines Tages treffe ich direkt vor dem Hauptquartier eine Lehrerin. Automatisch hebe ich meinen rechten Arm und grüße sie mit »Heil Hitler«. Ich höre noch ihr »Oh Gott, Kind«, und sehe den verblüfften Gesichtsausdruck des Wachsoldaten, als ich auch schon um die nächste Ecke verschwunden bin. Ich renne, bis ich nicht mehr kann, es verfolgt mich niemand. Ähnlich ergeht es Onkel Willy Sösemann. Er ist als Obermeister seiner Innung zum Stadtkommandanten bestellt. Als er das Dienstzimmer betritt, grüßt er mit »Heil Hitler«. Auch das hat keine weiteren Folgen. Offenbar wissen die Amerikaner, daß es keine Provokation ist, sondern ein Begrüßungsritual, das sich über Jahre eingeschliffen hat.

Nach neunzehn Uhr fahren Streifenwagen der Militärpolizei durch die Stadt. Die Sperrstunden müssen strikt eingehalten werden. Eines Abends fährt ein Jeep kurz nach sieben Uhr durch den Walkemühlenweg und erwischt Opa

Heise, der aus der Laube an der Straße ein paar Kissen holen wollte, die er dort vergessen hatte. Sie nehmen ihn gleich fest. Protest lassen sie nicht gelten. In seiner Bäkkerkluft, barfuß in ausgetretenen Latschen, hieven ihn die Soldaten auf den Kühler ihres Jeeps und fahren mit ihm davon. Sie fahren allerdings langsam, wie Nachbarn bezeugen, die den Jeep mit der lebenden Kühlerfigur vorüberfahren sehen. Zu Hause Heulen und Zähneklappern. Der arme alte Mann, aber er kann ja auch nie hören. Als ob die Kissen so wichtig sind. Das hat er nun davon. Im Moment kann man gar nichts machen. Wer weiß, wo sie ihn hingeschleppt haben. Am nächsten Morgen wird er wieder nach Hause gebracht. Er fährt im Jeep vor, diesmal nicht auf dem Kühler. Er verabschiedet sich herzlich von seinen Entführern. Das ist ein Händeschütteln und Palavern vor der Tür.

Er hat eine herrliche Nacht gehabt, erzählt er. Einer der Jungens sprach perfekt deutsch und hat den Dolmetscher gemacht. Opa Heise hat den Soldaten von seinem Bruder erzählt, der seit dreißig Jahren in Amerika lebt. Sie wollen die Adresse für ihn ausfindig machen, die durch die Kriegswirren verlorengegangen ist. Fürstlich wurde er bewirtet. Endlich mal wieder Bohnenkaffee, allerdings in Pulverform, schmeckte aber nicht schlecht. Dicke Zigarren, echte Brasil. Fünf Stück hat er noch mitbekommen und ein Glas Nescafé. Ist das nicht herrlich? Ein erster Schritt zur deutsch-amerikanischen Freundschaft.

40

Eine neue Schreckensnachricht. Die Amerikaner haben die Stadt für achtundvierzig Stunden den Zwangsarbeitern zur Plünderung freigegeben. Ob das wirklich von der Militärregierung angeordnet wurde? Oder ob es sich um ein Gerücht handelt? Jedenfalls kommt es zu Ausschreitungen.

Bewaffnete Gruppen dringen in Geschäfte ein und nehmen alles mit, was nicht niet- und nagelfest ist. Sie dringen in die Häuser ein und suchen in den Kellern. Fahrräder sind besonders begehrt, die versteckt man besser.

Einen ernsten Zwischenfall gibt es, als ich, von Großmutter kommend, den Steinsgraben hinuntergehe. Ein älterer Mann wird von einem Zwangsarbeiter vom Fahrrad gestoßen, schlägt hart auf und verletzt sich am Kopf. Der Zwangsarbeiter schwingt sich auf das Rad und versucht, sich davonzumachen, kann aber gar nicht radfahren. Er steigt links auf und fällt rechts wieder runter. Schließlich radelt er schwankend davon. Er ist noch nicht weit, als ein Jeep mit Militärpolizei heranrast und sich um den Verletzten kümmert. Die Amerikaner reagieren sofort. Sie jagen hinter dem Radfahrer her und stoppen ihn. Das Fahrrad wird ihm abgenommen und seinem Besitzer zurückgegeben, der sich aus eigener Kraft entfernen kann. Der Zwangsarbeiter muß in den Jeep einsteigen. Sie bringen ihn in die nahegelegene Kaserne. Als ich dort vorbeikomme, höre ich Schüsse, Maschinengewehrsalven. Ich schleiche mich um die Ecke. Im Gebüsch versteckt spähe ich durch den Zaun. Der ganze Kasernenhof liegt voller Männer. Sie liegen auf dem Bauch, die Arme über dem Kopf verschränkt. Wenn einer den Kopf auch nur ein paar Zentimeter hebt, fegt eine Salve über sie hinweg. Vorsichtig verlasse ich mein Versteck und renne nach Hause.

Auf den Feldern vor der Stadt ist ein Sammellager für deutsche Gefangene eingerichtet. Sie kampieren zu Hunderten im Freien, allen Unbilden der Witterung ausgesetzt. Es regnet seit Tagen. Die Bevölkerung möchte helfen, mit warmen Decken und Kleidungsstücken. Wir haben uns auf den Weg gemacht, haben Brot mitgenommen, das wir dank Onkel Willy immer vorrätig haben. Die Bewacher lassen uns nicht heran. Wir sehen die frierenden Gestalten in knöchelhohem Schlamm, können aber weder Brot noch Decken übergeben. Die Wachtposten lassen es nicht zu, sie nehmen eine bedrohliche Haltung ein, richten ihre Maschinenpistolen auf uns und fordern uns nachdrücklich auf, zu verschwinden. Nach wenigen Wochen wird das Lager aufgelöst, und die Gefangenen werden angeblich in feste Unterkünfte verlegt. Auf Army-Lastwagen gezwängt, werden sie abtransportiert. Sie stehen Mann an Mann. Die GIs fahren wie die Henker. Einen der letzten Konvois erlebe ich hautnah. Ein Lastwagen rast mit viel zu hoher Geschwindigkeit an mir vorbei durch die engen Straßen der Innenstadt. Fünfzig Meter weiter gerät er ins Schleudern und stürzt um. Ein einziges Chaos, Blut und Verletzte, glücklicherweise keine Toten. Die Gefangenen standen so eng aneinandergepreßt, daß keiner hinausgeschleudert wurde.

Die Amerikaner sind abgezogen und haben den Engländern Platz gemacht. Das ist nun ein anderes Bild in den Straßen. Keine freundlich winkenden GIs mehr, sondern stolze, unnahbare Gestalten, die nicht nach links oder rechts sehen. Sie kommen so steif daher, als hätten sie ein Lineal verschluckt. Es heißt, daß sie nicht mit der Zivilbevölkerung sprechen dürfen. Aber lieber die steifen Engländer, die sich von der Bevölkerung fernhalten, als die Russen, über die man nur Schlimmes hört. Als erstes geben die neuen Besatzer ein Mitteilungsblatt heraus, aus dem wir erfahren, daß alle Behörden, Gerichte und Schulen bis auf weiteres geschlossen bleiben. Die erwachsenen Bürger der Stadt werden aufgefordert, ständig ihren Personalausweis bei sich zu tragen. Fragebögen zur Entnazifizierung werden im Rathaus ausgegeben, jeder wird registriert. Die Versorgung der Bevölkerung ist angeblich gesichert. Aber davon merken wir nichts. Wir haben ständig Hunger und keinerlei Quellen, um schwarz an Nahrungsmittel zu gelangen. Für die wöchentlichen Zuteilungen muß man stundenlang anstehen, wenn man Pech hat, ist die Ware aus, ehe man an die Reihe kommt.

Es geht nur noch ums nackte Überleben. Wir sammeln Löwenzahn, und Mutter macht Salat daraus. Aus Gries, Wasser und gerösteten Zwiebeln stellt sie einen Brotaufstrich her, der im Aussehen an Schmalz erinnert. Er schmeckt nicht schlecht, hat aber keinen Nährwert. Morgens, mittags, abends, immer diese ekligen Kartoffelschnitzel, mal in schwarzem Malzkaffee geröstet, mal mit getrockneten, geraspelten Rüben als Suppe. Einigen Familien im Haus geht es besser, sie halten auf dem Hof Kaninchen. Dadurch können sie, wenn auch selten, ein Stück Fleisch auf den Teller bringen. Eines morgens großes Gezeter im Hof. Alle Ställe sind aufgebrochen, die Kaninchen verschwunden. Tante Anna droht den Dieben lauthals die fürchterlichsten Martern an, aber dazu müßten sie erstmal dingfest gemacht sein. Die Ställe sind jedenfalls leer, die Gitter sauber aufgeschnitten. Auch der Stall des Schneidermeisters ist leer. Sein Sohn Kurtchen hatte ihn gebaut. Der Stall ist krumm und schief, die Türen hängen locker in den Angeln. Kurtchen konnte wohl mit Nadel und Schere besser umgehen als mit Hammer, Nägeln und Säge. Hier haben es die Diebe besonders leicht gehabt. Kuban-Brückenkopf haben wir dieses Gebilde getauft, in Anlehnung an russische Katen, die wir in der Wochenschau gesehen hatten.

Nicht nur unsere Kaninchen sind verschwunden. Insassen der DP-Lager ziehen plündernd über Land, sie schlachten das Vieh auf der Weide. Das hat solche Ausmaße angenommen, daß es kaum noch Fleisch zu kaufen gibt. Auch die Militärregierung erkennt nun den Ernst der Lage: Ständig fahren Jeeps Streife, Göttinger Bürger werden als Hilfspolizisten ausgebildet. Alles vergebens. Fast zehntausend befreite Zwangsarbeiter leben in der Stadt und den umliegenden Dörfern. Die Militärpolizei kann nicht gleichzeitig überall sein. Die deutschen Hilfskräfte sind nur mit Stöcken ausgerüstet und richten wenig oder gar nichts gegen die plündernden, zum Teil bewaffneten Gruppen aus. Die halten sich schadlos, wo sie können. Wie Heuschreckenschwärme, kommt es uns vor, fallen sie über Geschäfte und Wohnungen her und verbreiten Angst und Schrecken. Ihre neuen Unterkünfte, Schulen und Kasernen, tragen bald deutliche Spuren von Verwahrlosung.

41

Der »Großdeutsche Rundfunk« hat sein Programm unterbrochen. Nach einem Trauermarsch die Durchsage, daß der Führer im Kampf gegen den Bolschewismus gefallen ist. Die Kämpfe gehen weiter. In Berlin muß eine fürchterliche Schlacht toben. Admiral Dönitz steht nun an der Spitze des Reiches, wie der Rundfunksprecher sagt. Wie kann der noch von Reich sprechen. Von Großdeutschland ist nichts mehr übrig. Warum kapituliert Dönitz nicht? Muß der Wahnsinn bis zum bitteren Ende weitergehen? Daß Hitler tot ist, bewegt uns nicht sonderlich, er war immer eher eine Legende als ein Mensch aus Fleisch und Blut. Für uns haben die kleinen Hitlers größere Bedeutung gehabt, die es verstanden, sich den ganzen Krieg in der Heimat herumzudrücken, die Menschen zu schikanieren und die Belange der Frauen und Kinder auf ihre Art zu regeln. Besonders die der Frauen, da hatten sie ein großes Jagdrevier.

Witwen- und Waisentröster wurden sie genannt. Die Blockwarte – immer alles *wichtig, wichtig* – durften in ihrer Hilfspolizistenfunktion jederzeit jede Wohnung betreten. Es bedarf keiner großen Phantasie, sich auszumalen, wie einige die Situation für ihre Zwecke ausgenutzt haben. Sie waren die ersten, die ihre SA-Uniformen verbrannten, als die Amerikaner näherrückten. Wir haben einige dieser Typen in der direkten Nachbarschaft, zum Beispiel Herrn Schumann. Ich betrete eines abends den Laden unseres Kaufmanns und grüße: »Guten Abend.« Herr Schumann, SA-Uniform, glänzende Schaftstiefel, Sturmriemen, dreht sich um und zischt mich an: »Das heißt ›Heil Hitler‹, Ilse!« Herr Bodmann zwinkert mir zu. »Heil Hitler, Herr Schumann«, grüße ich und hebe meinen rechten Arm. Nach dem Einmarsch der Amerikaner verkehrt sich die Situation. Ich stehe im Laden, den Herr Schumann nach mir mit dem Gruß »Guten Abend« betritt. Ich drehe mich um und sage: »Das heißt ›Heil Hitler‹, Herr Schumann.« Er weist mich zurecht: »Was soll das? Laß diesen Quatsch!« Ohne die SA-Uniform, aller Macht entblößt, sieht er aus wie ein biederer, harmloser Familienvater, aber diese Harmlosigkeit täuscht. Obwohl wir uns in den vergangenen Jahren oft heimlich über ihn lustig gemacht haben, wenn er in blankgewichsten Schaftstiefeln, mit strammem Schritt, vor Wichtigkeit aufgeplustert wie ein Gockel, daherstolziert kam, ging von ihm doch immer etwas Bedrohliches, Heimtückisches aus. Plötzlich hat er jeden Schrecken für mich verloren. Allen Glanzes und aller Anmaßung beraubt, bleibt nur ein kleiner, dickbäuchiger, glatzköpfiger Mann in Hosenträgern und Schlappen übrig. Die absolute Lächerlichkeit dieser komischen Figur löst etwas in mir aus. Ich bekomme einen Lachkrampf, lache und lache und kann nicht mehr aufhören.

42

Es gibt wieder ein Mitteilungsblatt der Militärregierung. Voller Entsetzen sehen wir das erste Mal Bilder aus Konzentrationslagern. Fotos, die bei der Befreiung der Konzentrationslager gemacht wurden. Offene Massengräber voller Leichen. Tote, zu Bergen aufgetürmt, ausgemergelte Gestalten, die man kaum noch Menschen nennen kann. Lampenschirme, die aus Menschenhaut sein sollen, Zahnplomben aus Gold, die den Opfern ausgeschlagen wurden, Berge von Schuhen. Und dann die Augen der Überlebenden. Diese Augen verfolgen mich Tag und Nacht. Wir wollen es nicht glauben, halten alles für Propaganda der Alliierten, aber es ist klar, daß man solche Bilder nicht stellen kann.

Jeder wußte, daß es KZs gab, aber was sich dort wirklich abspielte, haben wir nie erfahren. Wir hielten die KZs für eine Art Arbeitslager, wo politische Gegner und Kriminelle zusammengefaßt wurden, um in der Rüstungsindustrie, der Landwirtschaft und sonstigen kriegswichtigen Betrieben zu arbeiten, weil die Männer an der Front waren. Wieviel die Erwachsenen damals wußten, kann ich nicht sagen. Aber ich erinnere mich an den letzten Urlaub meines Vaters, als er, auf das Führerbild deutend, zu meiner Mutter sagte: »Dreh das Bild um. Ich kann diesen Verbrecher nicht mehr sehen«, worauf meine Mutter weinend erwiderte: »Um Gottes willen, Hermann, sei still.« Wie verzweifelt muß mein Vater damals gewesen sein? Was hatten diese Männer für eine Wahl? Sie sind nicht gefragt worden, ob sie Soldat werden wollten. Sie mußten kämpfen, ob sie wollten oder nicht. Bei Weigerung wurden sie an die Wand gestellt oder konnten sich eine Kugel vor den

Kopf schießen. Aber das macht kein sechsfacher Familienvater.

Der Krieg ist aus. Deutschland hat bedingungslos kapituliert. Der Wahnsinn ist zu Ende. Das Gefühl einer großen Leere macht sich breit, Lethargie. Alles war umsonst. Alle Opfer umsonst gebracht, Europa in Schutt und Asche versunken. Davon werden wir uns nie wieder erholen. Flüchtlingsströme überschwemmen die Stadt. Zu den zehntausend Zwangsarbeitern gesellen sich täglich Trecks aus dem Osten. Die Menschen fliehen vor den Russen, die unsagbar hausen sollen. Vergewaltigungen sind an der Tagesordnung. Abends trauen wir uns nicht mehr auf die Straße. Die Angst geht um. Deutschland soll in Zonen aufgeteilt werden; es geht das Gerücht, Göttingen werde der russischen Zone zugeschlagen. Das stellt sich Gott sei Dank als falsch heraus. Lebensmittel werden immer knapper, aber die Banken haben wieder geöffnet. Papa hatte für uns Kinder Sparbücher angelegt. Es ist nicht allzuviel drauf, aber es reicht aus, um die nächsten Monate bescheiden überleben zu können. Weitere Einnahmequellen haben wir nicht.

Um das Gänseliesel herum blüht der Schwarzmarkt. Man kann alles bekommen, wenn man das nötige Geld oder Gegenstände zum Tauschen hat. Geld besitzen wir nicht. Wir sehen uns im Haushalt um, ob wir noch etwas entbehren können. Mutter hat einige kleine Schmuckstükke, aber als Händler sind wir völlig unbegabt. Diesen gewieften Typen sind wir nicht gewachsen. Sie wollen mich für eine schöne Brosche mit einem viertel Pfund Speck abspeisen. Da nehme ich die Brosche lieber wieder mit, um sie dann allerdings am nächsten Tag gegen ein Pfund Butter einzutauschen. Der Hunger ist eben doch stärker.

Die Schulen bleiben geschlossen. Schülerinnen und Schüler werden zur Arbeit in der Landwirtschaft eingesetzt. Die Felder liegen brach. Ich werde für das Gut in Dramfeld eingeteilt. Ein Trecker holt uns ab. Wir hocken auf dem Anhänger und sind guter Dinge. Bettwäsche müssen wir mitbringen und uns auf zwei Wochen Aufenthalt einrichten. Wir bekommen ein kleines Fachwerkhaus außerhalb des Gutshofes zugewiesen und machen uns vergnügt daran, die Strohsäcke und Wolldecken zu beziehen. Strom gibt es nicht. Wir albern bei Kerzenlicht herum, bis uns zwei ältere Schülerinnen, die zur Aufsicht mitgeschickt wurden, zur Ruhe zwingen, denn um fünf Uhr müssen wir aufstehen, Rübenhacken. Nach zwei, drei Stunden springen wir wieder aus den Betten, total von Wanzen zerstochen. Die Tiere wimmeln nur so um uns herum, lassen sich von der Decke fallen, ganze Nester entdecken wir in den alten Bettgestellen. Den Rest der Nacht verbringen wir frierend am Misthaufen. Zum Frühstück bekommen wir Milchsuppe und Brot, und dann geht es aufs Feld. Die Arbeit fällt uns schwer, die Wanzenstiche quälen uns. Eine der Aufsichtsschülerinnen beschwert sich beim Inspektor. Es stellt sich heraus, daß vor uns in dem Haus russische Kriegsgefangene untergebracht waren. Die verwanzten Betten hat man gleich für uns stehen lassen. Da gehen wir natürlich nicht wieder rein. Am Abend halten wir Kriegsrat. Wir weigern uns, das Haus noch einmal zu betreten. Schließlich weist uns der Inspektor eine Scheune zu. Wir hauen uns ins Heu und strecken unsere geschundenen Glieder, die nicht nur von den Wanzenstichen schmerzen, sondern auch von der ungewohnten Arbeit mit der Hakke. Die Hände sind voller Blasen. Von acht Stunden Arbeit in gebückter Haltung haben wir einen Muskelkater, der nicht von schlechten Eltern ist.

Der zweite Tag ist besonders schlimm. Die Blasen an den Händen sind aufgeplatzt. Es ist eine einzige Qual, wenn der Stiel der Hacke mit dem rohen Fleisch in Berührung kommt. Wir umwickeln die Hände mit Taschentüchern. Bücken ist nicht drin, der Muskelkater ist unerträglich. Wir mühen uns, hoch aufgerichtet, durch die Rübenreihen und hacken, mit blutenden Händen, drauflos, angetrieben von einem Vorarbeiter, bei glühender Sonne, acht Stunden, nur unterbrochen von einer kurzen Vesperpause. Mittags erscheint hoch zu Roß der Inspektor und inspiziert unsere Arbeit. Die ersten Tage wendet er sich mit Grausen ab. Wir haben mehr Rüben umgehackt als Erde gelockert. Aber schließlich sind wir keine Landarbeiter. Es ist harte Arbeit, und uns dämmert langsam, was es heißt, *im Schweiße deines Angesichts sollst du dein Brot essen.* Die Sonne brennt erbarmungslos. Der Schweiß beißt in den Augen. Mit unseren erdigen Händen wischen wir ihn ab und haben bald Mühe, uns gegenseitig zu erkennen. Zu dem Muskelkater und den offenen Händen kommt nun noch ein übler Sonnenbrand hinzu. Wie gerädert fallen wir abends ins Heu. Die Wanzenplage ist vorbei. Die Gutsverwaltung hat inzwischen die Wolldecken desinfiziert, wir können ruhig schlafen. Nach ein paar Tagen geht alles viel besser. Die Hände schmerzen zwar noch und wollen nicht heilen, weil sie immer wieder vom Stiel der Hacke aufgescheuert werden, aber der Muskelkater läßt langsam nach, und die Verpflegung ist gut. Nach zwei Wochen lobende Worte vom Inspektor. Wir sind in Gnaden entlassen, mit dicker Hornhaut an den Händen und um einige Erfahrungen reicher.

Unterricht findet auch weiterhin nicht statt. Die Schulen sind mit Flüchtlingen und ehemaligen Zwangsarbeitern belegt. Die Schülerinnen und Schüler sind aufgefordert, alles mögliche zu sammeln, vor allem Heilkräuter wie Kamille und Huflattich, später Bucheckern, Eicheln, Nüsse, Kastanien. Da es nichts gibt, wird alles benötigt.

43

Seit Monaten haben wir nichts von Papa gehört. Post wird zwar wieder zugestellt, aber für uns ist nie etwas dabei. Eines Tages meldet sich der alte Herr aus Erfurt, Papas Vater. Er fragt, wie Mutter mit der Situation fertig wird, und teilt mit, daß er eine Suchanzeige beim Roten Kreuz aufgegeben hat. Ihn plagt offensichtlich das schlechte Gewissen. Warum hat er sich nicht eher um uns gekümmert? Wir Kinder wollen nichts von ihm wissen. Aber Mutter schreibt einen ausführlichen Antwortbrief und spielt die Probleme herunter, um den alten Mann nicht unnötig aufzuregen. Gerda ist mit Mutters Brief nicht einverstanden. Sie hat die Großeltern einmal in Erfurt besucht. Das erste, was der Alte sie fragte, war: »Habt ihr das Klavier noch, oder habt ihr es schon versilbert?«

Gerda hat ihm empört erzählt, daß ich seit Jahren Unterricht habe und daß wir regelmäßig Hausmusik veranstalten. Der hält uns offensichtlich für Hottentotten. Als Gerda sich bei ihm für die Gastfreundschaft bedankt, kommt ihr Brief zurück mit dem Vermerk »Empfänger verweigert Annahme.« Sie hatte vergessen, seinen Titel auf den Umschlag zu schreiben. Altes preußisches Beamtentum, aber von der unangenehmsten Art: hochgestochen, arrogant, borniert. Das Schlimmste für den Großvater waren wir sechs Kinder. Das ist nicht standesgemäß, das gibt es in seinen Kreisen nicht. Drei von uns hat er immer verleugnet. Das stellte sich bei einem weiteren Besuch von Gerda heraus. Seine Haushälterin – die Großmutter war inzwischen verstorben – fiel aus allen Wolken, als sie hörte, daß wir sechs Kinder sind. Er hat immer nur von dreien gesprochen. In der heutigen Zeit klingt das merkwürdig, und das ist es auch, man kann darüber eigentlich nur lachen. Meine Mutter hat damals nicht gelacht.

Ich habe meinen Großvater ein Jahr später kennengelernt, als er bei Onkel Kurt, Papas Bruder, zu Besuch war. Onkel Kurt wollte eine Aussöhnung arrangieren und hatte Mutter gebeten, mit den Kindern nach Kassel zu kommen. Eine Zumutung für Mutter, wie ich fand, sich in diesen unsicheren Zeiten mit den Kindern auf die Reise zu begeben. Soll er doch zu uns kommen, wenn er uns kennenlernen will. Aber dann ergibt es sich, daß Onkel Willy Sösemann geschäftlich in Kassel zu tun hat und uns mitnehmen kann. Als Geschäftsmann hat er bereits wieder ein Auto. Hannelore und ich dürfen Mutter begleiten.

Tante Jettchen freut sich riesig, als wir eintreffen. Onkel Kurt und der Großvater machen gerade einen Spaziergang durch die Felder. Sie schlägt vor, daß wir ihnen entgegengehen. Als die beiden daherkommen, stockt mir der Atem. Ich merke, daß auch Mutter stutzt und ziemlich bewegt ist. Da kommt uns unser Vater entgegen, älter und kleiner, als wir ihn in Erinnerung haben, aber die Ähnlichkeit ist verblüffend. Die Begrüßung von unserer Seite ist kühl, besonders von uns Kindern. Er ist ein Fremder für uns. Später am Kaffeetisch versucht er, sich mit Hannelore anzufreunden. »Na, du kleines Kramerchen, komm doch mal zu mir«, lockt er sie, aber sie will von ihm nichts wissen. Mir hält er einen Vortrag, daß wir unsere Mutter unterstützen müßten. Ich erkläre ihm kurz und bündig, daß wir das sowieso tun und daß ich seine Ermahnungen für überflüssig halte. Hartherzige Jugend. Nicht bereit zu verzeihen. Mutter unterhält sich sehr freundlich mit ihm und versucht auszugleichen. Bei diesem Besuch wird mir klar, wie haushoch Mutter über dem alten Mann steht. Ihr Taktgefühl läßt sie die heikle Situation meistern. Als Onkel Willy uns später wieder abholt, bittet uns der Großvater unter Tränen, ihm in Zukunft öfter zu schreiben.

44

Der Oberbefehlshaber der britischen Besatzungstruppen hat das Fraternisierungsverbot aufgehoben. Ich habe im Lexikon nachgeschlagen, was Fraternisierung heißt: *fraternization*, Verbrüderung. Die Besatzungstruppen dürfen sich also mit der Bevölkerung verbrüdern. Das kann man bald in der Stadt feststellen. Sie kommen nicht mehr so steif daher, sind zugänglicher geworden, nur verstehen kann man sie schlecht. Sie sprechen ein anderes Englisch als das, was wir in der Schule gelernt haben. Als eine Gruppe von Soldaten mich nach einer Straße fragt, kann ich sie kaum verstehen. Nur mit Mühe errate ich, wo sie hinwollen, und antworte, so gut ich kann. Sie amüsieren sich über meine Aussprache. »She speaks so funny«, sagt einer. Ich bin wütend. Unsere Lehrerin hat in Oxford studiert. Die *speaken funny* für mich; das ist überhaupt kein Englisch, was die sprechen. Das sage ich ihnen auch. Und ich sage ihnen auch, wenn sie so gut deutsch sprechen könnten, wie ich englisch, wäre die Verständigung sicher einfacher. Aber da werden sie böse. Kritik ist in der Verbrüderung scheinbar nicht vorgesehen. »You damned German bastard«, rufen sie hinter mir her. Aber ich habe längst das Weite gesucht.

Die Engländer richten sich scheinbar auf die Ewigkeit ein. Viele Gebäude, öffentliche wie private, werden für die Besatzungstruppen beschlagnahmt. Die Bevölkerung muß noch enger zusammenrücken, was kaum möglich ist. Wir bleiben von Einquartierungen verschont, aber in der Nachbarschaft werden überall Flüchtlinge untergebracht. Angestellte des Bergungsamtes überprüfen die Wohnungen. Finden sie mehr Wohnraum vor, als den Mietern pro

Kopf zusteht, wird gnadenlos beschlagnahmt. Die Stadt platzt aus allen Nähten, aber immer mehr Flüchtlinge strömen herein.

Das Stadtbild ist jetzt geprägt von englischen Uniformen, Flüchtlingstrecks, geduckten Deutschen, die wie graue Mäuse daherkommen, und selbstbewußten Zwangsarbeitern, die wie Paradiesvögel in allen Farben schillern. Sie haben sich zum Teil grell herausstaffiert, grüne Hose, gelbes Hemd, blaues Jackett, dazu kunterbunte Krawatten, vermutlich aus amerikanischen Beständen, mit Palmen und anderem Schnickschnack. Das wirkt recht kurios. Die Frauen bevorzugen Pelze, obwohl es noch gar nicht kalt ist. Selbstbewußt ist ihr Auftreten in jedem Fall. Das Blatt hat sich gewendet.

Die große Anzahl von Engländern in der Stadt hat auch gute Seiten. Sie schaffen Arbeitsplätze. Für ihre Quartiere werden Putzfrauen, Küchenhilfen, Gärtner, Lagerarbeiter eingestellt. Auch Tante Annas Töchter haben dort Arbeit gefunden. Es dauert nicht lange, bis die ersten *boyfriends* in unserem Haus ein- und ausgehen. Die Schneidersfrau hat Anstoß daran genommen, und eine der Töchter hat es ihrem *boyfriend* weitergesagt. Die Reaktion folgt umgehend. Ein angesäuselter Sohn Albions fuchtelt mit seiner Pistole im Hausflur herum und will *this damned old woman* erschießen. Wir verbarrikadieren unsere Tür und horchen angstvoll auf den Lärm. Endlich wird es wieder ruhig. Sie haben ihn beschwichtigt und mit vereinten Kräften nach oben bugsiert.

»Feuer, Feuer!« schallt es eines Nachts durchs Haus. Wir fahren in unseren Betten hoch und bemerken sofort den Brandgeruch. Durch die Glasscheiben in der Korridortür sehen wir den Flammenschein. Beim Schneidermeister brennt es. Die Werkstatt steht in Flammen. Im Nu ist das ganze Haus auf den Beinen. Alle helfen. Wir bilden eine Menschenkette bis in die Waschküche und reichen die Wassereimer von Hand zu Hand weiter. Auch der *boyfriend* hat sich in die Menschenkette eingereiht. Bei so einer Katastrophe ist aller Ärger vergessen. Das Feuer läßt sich nicht eindämmen. Als die Feuerwehr endlich eintrifft, ist die Werkstatt ausgebrannt, aber das Übergreifen auf die anderen Räume kann verhindert werden. Auch die Polizei ist gekommen und verhört den Schneidermeister. Er hat abends noch spät gearbeitet, als es, wie so oft, Stromsperre gibt. Er legt sich zu Bett, ohne daran zu denken, daß der Stecker des Bügeleisens nicht herausgezogen ist. Als er den Brandgeruch wahrnimmt, springt er auf, und als er die Tür zur Schneiderstube öffnet, entzünden sich durch den Luftzug die Flammen. Zusammengesunken sitzt er jetzt in seinem Sessel. Seine Frau hat ihm eine Wolldecke um die Schultern gelegt. Alles vernichtet, Kundenaufträge, kostbare Stoffe, Dinge, die nicht wieder zu beschaffen sind. Der Raum ist bis auf die nackten Mauern ausgebrannt, die Wohnung total ruiniert, und der Geruch hängt noch wochenlang im Haus.

Noch immer kein Lebenszeichen von Papa. Die Monate gehen ins Land, aber wir geben die Hoffnung nicht auf. Die Gefangenenlager sind voll. Irgendwo wird auch er sein. Noch sind wir zuversichtlich, auch Mutter. Zum Grübeln kommen wir nicht. Der tägliche Kampf ums Überleben nimmt unsere ganzen Kräfte in Anspruch.

Zu diesem täglichen Überlebenskampf kann ich eines Tages mein Scherflein beitragen. Der englische Freund von Tante Annas Tochter ist in die Heimat zurückversetzt. Er schreibt fleißig, aber keiner aus der Familie kann die Briefe lesen. Tante Anna spricht mich im Treppenhaus an. »Illßä, komm toch mal mit rauf. Mei Allaan hat geschrieben. Ließ mich doch mal den Brief vor, du kannst doch Englisch.« Ich gehe mit ihr nach oben. Sie hat den Brief, der für ihre Tochter bestimmt ist, schon geöffnet. Ich weigere mich, ihr den Brief vorzulesen. Meinen Einwand, daß sie das Briefgeheimnis verletzt, läßt sie nicht gelten. Sie wird ganz fuchtig und fährt auf mich los: »Mach mich bloß nich weiß, daß de Englisch kannst. Alles Ankape. Das habe ich mich doch gleich gedacht.« Sie wirft mich förmlich raus. Am Abend ruft sie dann vom Balkon runter: »Illßä, komm toch noch mal rauf.« Ihre Tochter hat ihr wohl gehörig den Kopf gewaschen, sie entschuldigt sich bei mir. Jetzt lese ich den Brief vor. »Na, so viele Cheheimnisse sind da ja nun auch nich drinne. Das hätteste mich ruhich heute morgen vorlesen können«, meint Tante Anna. Die Tochter fragt, ob ich wohl ihre Antwort ins Englische übersetzen würde. Dazu bin ich gern bereit. Am nächsten Tag bringt sie mir ihren Antwortbrief. Ich bin enttäuscht, nur banale Belanglosigkeiten nach dem Motto: Mir geht es gut, wie geht es Dir? Da macht das Übersetzen keinen Spaß. Ich versuche, dieser trockenen Epistel mit einigen blumigen Wendungen ein paar Farbtupfer aufzusetzen. Der Antwortbrief kommt postwendend. Ihr »Allaan« ist begeistert von ihrem *beautiful english*. Dieser Brief hat Tante Annas Zweifel zerstreut. Ich habe nun ständig zu tun. Die Briefe gehen hin und her. Meine Arbeit weitet sich insofern aus, als ich die ankommenden Briefe nicht nur übersetze, sondern bald auch die Antworten selbst formuliere. »Mach man«, sagt Hetty, und ich mache. Meiner Fantasie ist nun keine Grenze mehr gesetzt. Ich tobe mich aus in seitenlangen Beschreibungen des täglichen Lebens, was zur Folge hat, daß verstärkt Pakete eintreffen. Aber auch die Liebe kommt nicht zu kurz. Ich habe gerade Hedwig Courths-Mahler entdeckt. Diese Lektüre inspiriert mich zu den schwülstigsten Liebesausdrücken. So ist der liebe Allan einmal *My sweatest Darling* oder *My only one*, bis hin zum *Man of my life*. Ihm scheint das zu gefallen, und auch Hetty ist begeistert. Sie hat keinerlei Bedenken gegen meine Formulierungen. Alle Seiten sind zufrieden, besonders ich. Ich bekomme für jeden Brief eine Schachtel Zigaretten, zwanzig Players Navy Cut, das Stück zu sieben Mark auf dem Schwarzmarkt. So verdiene ich pro Brief hundertvierzig Mark.

45

Das Leben wird für uns von Tag zu Tag schwieriger. Der Winter steht vor der Tür. Gas und Strom sind rationiert, Heizmaterial haben wir überhaupt nicht. Jetzt kommt zu dem ständigen Hunger noch die Kälte. Wir haben keine warmen Kleider mehr, sind aus fast allem herausgewachsen. Gerda, Ruth und ich teilen uns einen Mantel. Am schlimmsten ist es um das Schuhwerk bestellt. Mein einziges Paar Schuhe ist mir längst zu klein. Als es mir dann im wahrsten Sinne des Wortes von den Füßen fällt, ist es ganz aus. Ich kann tagelang die Wohnung nicht verlassen, barfuß möchte ich draußen nicht rumlaufen. Auf dem Schwarzmarkt kann man zwar alles bekommen, aber zu so horrenden Preisen, daß es für uns unerschwinglich ist.

Die Stadtverwaltung gibt Holzsammelscheine aus. Tante Anna hat stundenlang um einen Schein angestanden. Sie fordert mich auf, mit in den Hainberg zu kommen und ihr beim Holzsammeln zu helfen. Aber ich muß ablehnen, weil ich keine Schuhe habe. Sie leiht mir ein Paar alte Stiefel von ihrem Mann. Ich umwickele meine Füße mit Lappen – Strümpfe sind inzwischen auch Mangelware – und schnüre die Stiefel, die mir zwei Nummern zu groß sind, mit Bändern, die ich aus einem Lumpen geschnitten habe. Wohliges Gefühl: endlich mal wieder warme Füße. Wir stiefeln in den Wald und suchen nach Reisig. Der Wald wirkt wie gefegt. Es waren schon andere in gleicher Absicht vor uns da. Wir müssen tief ins Unterholz eindringen, bis wir Reisig finden. Stämme oder Äste dürfen wir nicht aufladen. Das ist bei Androhung härtester Strafen verboten. Die Förster und Aufsichtspersonen patroullieren überall. Oft müssen wir unseren Sammelschein vorweisen. Wir bekommen unseren Wagen voll, aber es ist fast der ganze Tag dabei draufgegangen. Für meine Hilfe bekomme ich ein Bündel Reisig ab. Ein Tropfen auf den heißen Stein. Es reicht kaum aus, um Suppe zu erwärmen. Aber ich darf die Stiefel vorläufig behalten. Mir fallen die russischen Kriegsgefangenen bei Herrn Bodmann ein. Heute gehen sie in Wichs und Wachs und wir in Lumpen. Ausgleichende Gerechtigkeit.

Ein weiteres großes Problem sind die fehlenden Waschmittel. Auch bei allergrößter Anstrengung kann man sich kaum noch sauberhalten. Die Krätze breitet sich aus, auch wir bleiben nicht verschont. Dieses quälende Übel, das sich besonders an Händen und Füßen festsetzt, kann einen um den Verstand bringen. Man kratzt und kratzt, bis alles blutig ist. Ein Teufelskreis. Kein Waschmittel, keine saubere Wäsche, Unsauberkeit, Krätze. Jetzt, wo ich diese Worte niederschreibe, juckt es mich vor Ekel am ganzen Körper. Die beiden Kleinen sind besonders übel dran. Sie wimmern stundenlang, aber was soll man ihnen erklären, sie verstehen es noch nicht. Mutter hat etwas Öl aufgetrieben und betupft die blutenden Stellen mit einem weichen, in Öl getränkten Lappen.

Weihnachten steht vor der Tür. Es ist grausam kalt. Heiliger Abend. Keine Kerze, kein Baum, kein Strom, kein Gas, keine Kohlen, kein Vater. Trotz unserer Bemühungen beim Roten Kreuz erhalten wir kein Lebenszeichen. Er ist wie verschollen. Wir kriechen zu zweit ins Bett, um uns gegenseitig zu wärmen.

Am ersten Weihnachtstag klingelt es ganz früh. Vor der Tür steht, wie der Heilige Nikolaus, Onkel Willy Sösemann. Er schleppt einen großen, schweren Sack auf der Schulter und setzt ihn in der Küche vor dem Herd ab. In dem Sack sind Kohlen. Er bringt auch frisches Brot und tatsächlich einen Butterkuchen. Für die Kleinen hat er ein paar Süßigkeiten, die Opa Heise heimlich für die Familie hergestellt hat. Mutter stehen Tränen in den Augen. »Ist die Not am größten, ist Gott am nächsten.« Sie macht sofort Feuer im Herd. Auf den Nachmittag sind wir alle zum Weihnachtskaffee geladen. Darauf freuen wir uns. Zu Sösemanns gehen wir gerne. Durch den großen Backofen ist es so schön warm im ganzen Haus.

Und es wird ein schöner Nachmittag. Ein geschmückter Baum steht in der Stube, der Tisch ist festlich gedeckt. Leckerer Kuchen. Uns gehen die Augen über. Reichlich dürfen wir zulangen. So gut ist es uns lange nicht mehr gegangen. Tante Änne setzt sich ans Klavier, sie spielt fantastisch, wollte Pianistin werden. Aber die Stimmung bleibt dennoch traurig. Auch sie haben ihren Kummer. Ihr Sohn Hermann, Gerdas Verlobter, ist seit einem Jahr vermißt, und sie haben noch kein Lebenszeichen.

Ihr zweiter Sohn, Gerhard, ist noch immer mein Schwarm, aber er weiß es nicht. Er hat auch kein Auge für mich. Er geht mit einer Schulkameradin von mir, die schön ist wie ein Engel. Lange blonde Haare, große blaue Augen, ein Püppchen. Und immer schön angezogen. Sie bekommt Pakete von Verwandten aus Amerika. Da habe ich in meinen dicken Männerstiefeln natürlich keine Chance. Neben dieser Prinzessin wirke ich wie Aschenputtel. Nein, Aschenputtel ist falsch. Dafür habe ich zu große Füße. Eher Gänsemagd. Das kommt der Sache näher. Prinzessin und Gänsemagd.

46

Silvester 1945. Als die Amerikaner die Stadt eingenommen hatten, glaubten wir, daß das Schlimmste überstanden wäre. Welcher Trugschluß. Das Leben wird von Tag zu Tag elender. Alles muß man sich erkämpfen. Das neue Jahr hat so trostlos angefangen, wie das alte endete. Die Menschen resignieren. Die klirrende Kälte hält unvermindert an. Keinerlei Hoffnungsschimmer in Sicht. Auch die Schulen sind wieder geschlossen. Kein Heizmaterial. Die meisten Kinder sind unterernährt und haben für diese Witterung nicht die richtige Kleidung. Unterricht wurde zwar ab Herbst wieder sporadisch erteilt, aber im Freien, weil alle Schulen mit Flüchtlingen belegt sind. Unterricht konnte man das kaum nennen: keine Bücher, keine Hefte, kein Schreibmaterial, nichts. Es war mehr so eine Art Anschauungsunterricht in der freien Natur. Wandern, Heimatkunde, Erdkunde, Mathematik, Religion, ein wenig Sport. Immer vom Wetter abhängig. Außerdem mußten wir beim Einbringen der Ernte helfen. Jetzt sind die Schulen wieder geschlossen.

Zehnter Februar, Papas Geburtstag, kein Lebenszeichen. Es ist immer noch bitter kalt. Ich weiß wirklich nicht, wie es Mutter schafft, uns einigermaßen zu versorgen. Sie selbst wird ständig weniger, weil sie den beiden Kleinen von ihrer Portion immer noch etwas in den Mund steckt. Wenn wir Onkel Willy nicht hätten, der uns nach wie vor mit Brot versorgt, wäre es noch schlechter um uns bestellt. Einen Lichtblick gibt es: Gerdas Verlobter hat sich gemeldet, aus England. Er ist seit einem Jahr in Kriegsgefangenschaft und schreibt, daß es ihm gutgeht.

Wir gehen wieder zur Schule. Ein geregelter Unterricht

ist noch nicht möglich, aber es ist ein Anfang. Wir teilen unsere Klassenzimmer mit Schülern der Egelsbergschule, die als Durchgangslager für Flüchtlinge beschlagnahmt ist. Stundenlang sitzen wir untätig herum, bis wir einen Arbeitsraum zugewiesen bekommen. Die Bücher mußten wir abgeben, Hefte und Stifte haben wir nicht. Die Lehrer schreiben Aufgaben an die Tafel. Wer noch etwas Papier hat retten können, schreibt sie ab. Einige der Mädchen haben ihre Schiefertafeln wieder hervorgeholt. Ich habe einen Bogen altes Packpapier aufgetrieben, und mein Bleistiftstummel ist so klein, daß ich ihn nur mit Mühe zwischen den Fingern halten kann. Die Kreide für die Tafel wird nach dem Unterricht sorgfältig verwahrt, der Klassenraum wird nach uns gleich mit anderen Schülern besetzt. Am Ende der Stunde gibt der Lehrer bekannt, wann für uns der Unterricht am folgenden Tag stattfindet. Aber dieser Plan gerät immer wieder durcheinander, kein Wunder, die Schule ist hoffnungslos überbelegt, der Unterricht findet in Schichten statt. Wir haben nicht genug Lehrer. Schon während des letzten Kriegsjahres waren die Zustände unhaltbar, die Klassen wurden durch den Zuzug von Flüchtlingskindern immer größer, die Lehrerschaft durch Einberufungen dezimiert. Meine Klasse zählt dreiundfünfzig Schülerinnen. Es geht zu wie in einem Bienenschwarm.

Unser Rektor ist abgesetzt worden. Keiner weiß, warum. Daß er Nazi gewesen sein soll, können wir kaum glauben. Wir haben ihn sehr verehrt. Die Besatzungsmacht ist in punkto Entnazifizierung rigoros. Sie setzen voraus, daß jemand, der unter der NS-Herrschaft ein öffentliches Amt bekleidet hat, Nazi gewesen sein muß. Der Denunziation ist Tür und Tor geöffnet. Es ist in diesen Tagen einfach, jemanden hinter Gitter zu bringen. Aber die echten Nazis bleiben unbehelligt. Einige von ihnen kenne ich. Sie führen nach wie vor ein großes Wort und sind angeblich immer »dagegen« gewesen.

47

Als ich mittags aus der Schule komme, sehe ich Post im Briefkasten. Durch die Löcher des Kastens erkenne ich Papas Handschrift. Ich klingele Sturm und bringe vor Aufregung kein vernünftiges Wort heraus. »Schlüssel, Papa«, stammele ich nur, Mutter hat sofort verstanden. Sie reicht mir den Briefkastenschlüssel, ich stolpere die Treppe hinunter und stochere am Schloß herum. Mutter steht oben in der Tür und sagt kein Wort. Als ich ihr den Brief überreiche, zittern ihre Hände so stark, daß sie ihn fallen läßt. Ich hebe ihn auf. »Mach auf, lies«, sagt sie, kreidebleich im Gesicht. Mit fahrigen Fingern öffne ich den Umschlag und lese ihr gleich im Treppenhaus vor: »Ich habe nun schon längere Zeit keine Post von Euch. Aber ich tröste mich mit den anderen, denen es ebenso geht. Wo ist Gerda? Ich habe so lange nichts von ihr gehört. So treiben wir uns in der Weltgeschichte herum und verlieren den Sinn für Zeit und Raum. Möge uns der Herrgott beistehen, so wie er uns bisher geholfen hat, und möge der Krieg bald ein Ende finden. Der Winter will nicht vorbeigehen, es ist ziemlich kalt. Aber einmal muß es doch Frühling werden, auch in den Herzen der Völker. Innige Grüße.«

Was ist das? Möge der Krieg bald ein Ende finden! Er ist doch seit einem Jahr zu Ende! Wir schauen auf das Datum. Der Brief ist vom vierten März 1945, er war länger als ein Jahr unterwegs. Mutter ist zusammengebrochen. Erst unglaubliche Freude und dann die beklemmende Wahrheit. Es ist zuviel für sie. Unser eigener Kummer verblaßt vor ihrem Gram. Wir können ihr nicht helfen, womit sollten wir sie auch trösten? Ich gehe einige Tage nicht zur Schule, möchte Mutter nicht allein lassen. Gerda und

Ruth müssen zur Arbeit. Ich kümmere mich um die beiden Kleinen und sehe zu, daß Mutter ein wenig Ruhe hat. Sie kann sich nicht recht erholen, ist schwach, wie gebrochen.

Fünfter April, Mutters Geburtstag. Vor einem Jahr saßen wir auf unseren geschnürten Bündeln und warteten auf den Einmarsch der Amerikaner. Was für ein Jahr! Wie zuversichtlich wir waren, nach dem Einmarsch. Alles konnte nur besser werden, hatten wir gehofft. Aber bei der Hoffnung ist es geblieben. Wir kämpfen nach wie vor täglich ums nackte Überleben. Nie können wir uns sattessen, die Kleider sind so fadenscheinig, daß sie einem vom Leibe fallen. Es hat eine Zuteilung Holzschuhe gegeben. Igelitriemen sind mit Nägeln an der starren Holzsohle befestigt. Diese Riemen halten nur von elf bis Mittag, sie sind knochenhart und scheuern die Haut an den Füßen auf. Gewaltmärsche kann man damit nicht machen. Bei der letzten Schulwanderung mußte ich nach kurzer Zeit umkehren, weil alle Riemen gerissen waren. Barfuß bin ich heimgegangen, die Holzschuhe in der Hand.

Gerda hat von ihrer Freundin einen halben Fallschirm bekommen. Wer weiß, woher, aber danach fragen wir nicht. Sehr anständig, daß sie überhaupt etwas abgibt. Die Seide reicht aus für zwei Kleider, eins für Gerda, eins für Ruth. Ich bekomme aus einer alten Fahne, die Mutter auftreiben konnte, ein Dirndlkleid geschneidert. Die Schneiderin tut ihr Bestes. Mein knallrotes Kleid bekommt von der restlichen Fallschirmseide weiße Puffärmel und eine Schürze. Jeden Sonntag wasche ich die Ärmel und die Schürze, um montags einigermaßen anständig in die Schule gehen zu können. Dabei sind Mädchen in der Klasse, denen es an nichts mangelt. Von den Schuhen bis zur Garderobe sind sie bestens ausgestattet. Ihre Väter sind Geschäftsleute oder Landwirte und haben anscheinend genug zu tauschen. Einige der Mädchen verhalten sich sehr solidarisch. Sie bringen reichlich zu essen mit und teilen es unter den bedürftigen Klassenkameradinnen auf.

Mutter hat sich wieder aufgerappelt. Die Kleinen verlangen ihr Recht. Sie hat wieder Mut geschöpft. Papas letzter Brief ist vom März 1945 und nur acht Wochen später war der Krieg aus. Sie ist der festen Überzeugung, daß der liebe Gott, der ihn sechs Jahre beschützt hat, ihn nicht kurz vor Kriegsende noch hat fallenlassen können. In diesem Glauben unterstützt sie ein Brief des Großvaters aus Erfurt. Er hat über das Rote Kreuz die Anschrift eines Kameraden von Papa ausfindig gemacht. Nach Auskunft dieses Mannes war ihre Einheit in der Nähe von Agram, dem heutigen Zagreb, in Partisanenkämpfe verwickelt. Er selbst sei in Gefangenschaft geraten und vermutet, daß Papa das gleiche Schicksal erlitten habe. Nun wissen wir wenigstens, wo er zuletzt gewesen ist. In Kroatien.

48

Unsere Geldmittel gehen zur Neige, die Sparbücher sind ausgeschöpft. Mutter ist gezwungen, beim Sozialamt einen Antrag auf Unterstützung zu stellen. Es geht ihr unter die Haut, daß sie bei Ämtern betteln muß. Abends sitzen wir über die Fragebögen gebeugt. Was die alles wissen wollen. Gerdas und Ruths Einkommen müssen ebenfalls angegeben werden. Nach langen Wochen erfolgt der Bescheid. Mutter erhält monatlich neunzig Reichsmark Unterstützung. Gerda und Ruth müssen zum Lebensunterhalt der Familie beitragen. Neunzig Mark, davon gehen schon sechsunddreißig Mark für die Miete drauf.

Als ich eines Tages die Kinderkarre aus dem Keller holen will, komme ich an Tante Annas Kellertür vorbei, die halb offen steht. Tante Anna ist auf dem Hof bei ihren Kaninchenställen. Mir gehen die Augen über, als ich die vollen Regale sehe. Alles, was ihr Garten hergibt, steht dort fein säuberlich in Gläsern aufgereiht. Ich überlege gar nicht. Wie unter Zwang nehme ich das erste beste Glas und verstecke mich in unserem Keller. Es sind Birnen! Ich reiße den Gummiring auf und falle mit den Fingern über das Eingemachte her, anschließend trinke ich den Saft. Ich höre, wie Tante Anna zurückkommt, aber sie scheint nichts gemerkt zu haben. Sie schließt ihre Kellertür ab und geht nach oben. Jetzt, wo ich satt bin, kommt die Ernüchterung: Ich habe gestohlen. Aber mein Gewissen setzt mir nicht sonderlich zu. Meine größte Sorge ist, wo ich das Glas verstecken kann. Unter der Schürze meines Dirndlkleides schmuggle ich es in die Wohnung und verberge es unten im Klavier. Im Laufe der Zeit habe ich auf diese Weise fünfmal zugeschlagen und die Gläser im Klavier versteckt. Längst hatte ich meine Untaten vergessen, als Mutter Jahre später den Klavierstimmer kommen läßt. Als er die Klappe am Klavier öffnet, stößt er einen Schrei aus und deutet mit Abscheu auf die fünf Einweckgläser, die mit grauem Schimmel überzogen sind. Nun muß ich Farbe bekennen. Mutter schüttelt den Kopf, kann aber ein Schmunzeln nicht verbergen. Die Hungerzeit ist noch nicht in Vergessenheit geraten, und mich hat Mutter nie satt bekommen. »Jetzt ist mir auch klar, wo der modrige Geruch in diesem Zimmer herrührt. Ich dachte, es wären feuchte Wände.« Tante Anna hat es nie erfahren.

Wir bekommen nun täglich eine warme Mahlzeit in der Schule, eine Spende der amerikanischen Quäker. Frauen vom Roten Kreuz bereiten das Essen in zwei großen Kesseln zu. Es gibt abwechselnd Erbsensuppe mit Keksen und Haferflocken mit Milch, dreihundertzwanzig Kalorien pro Portion. Der Unterricht, egal ob vormittags oder nachmittags, wird für dreißig Minuten unterbrochen, damit wir in Ruhe essen können. Napf und Löffel müssen wir von zu Hause mitbringen. Wenn es Erbsensuppe gibt, versuche ich einen kleinen Nachschlag zu bekommen, manchmal klappt es, manchmal nicht. Ich soll nicht unverschämt sein, sagt die Rote-Kreuz-Schwester und schiebt den nochmals hingehaltenen Napf zur Seite. Die andere ist nicht so geizig, das hat man bald raus, da kann man sich getrost ein zweites Mal anstellen. Wenn die Suppe zur Neige geht, werden die Kessel schräg gehalten, um auch noch den letzten Rest der Brühe, in der noch ein paar Erbsen schwimmen, auszuschöpfen.

Inge hat ein Gedicht gemacht:

Die Gedanken sind frei, wer kann sie erraten,
die Erbsen sind gut, doch ich hätt lieber Braten,
eine Ente zum Schlachten
wär auch nicht zu verachten,
Zimt und Zucker auf Reisbrei,
die Gedanken sind frei.«

Lachend löffeln wir unsere Suppe und stellen uns die herrlichsten Gerichte vor: Gulasch mit Klößen, Makkaroni mit Tomatensoße, Schokoladenpudding, Rote Grütze mit Schlagsahne, Marzipan. Uns läuft das Wasser im Munde zusammen, aber man muß gerecht sein, die Erbsensuppe schmeckt prima.

Jürgen und Hannelore bekommen im Kindergarten zum Frühstück Haferbrei und Lebertran, gespendet vom Britischen Roten Kreuz. Den Brei mögen sie ganz gern, aber beim Lebertran halten sie sich die Nase zu, da gibt es immer Theater, beschwert sich Tante Ursel bei Mutter. Hannelore habe sie eine Ohrfeige geben müssen, weil sie immer die Haut von der Milch abnimmt und unter den Tisch klebt. Nicht hören kann das Kind! Da wird Mutter böse: Das Kind schlagen, das geht zu weit, das verbittet sie sich. So ein junges Ding, und legt Hand an ihre Kinder? Da braucht man sich ja nicht zu wundern, wenn sie nicht mehr gern in den Kindergarten gehen. Falls das noch einmal vorkommt, wird sie sich bei der Leiterin beschweren. Abends fragt sie die beiden, ob alles in Ordnung ist. Ja, Tante Ursel ist wieder ganz lieb zu ihnen, schlägt sie nicht mehr.

Es gibt wieder eine Zeitung, den »Neuen Hannoverschen Kurier«, aber es steht wenig Erfreuliches drin, fast nur Verbote, Beschränkungen und Erlasse. So ordnet die Militärregierung eine Kleider- und Wäschesammlung für die ehemaligen Zwangsarbeiter an und gibt das Soll gleich mit vor.

Abgegeben werden müssen für Männer: Mäntel, Hosen, Hemden, Unterhosen, Socken, Hüte, Binder und Skimützen. Für Frauen: Mäntel, Schlüpfer, Unterröcke, Strümpfe, Schuhe, Büstenhalter. Für Kinder: Mäntel, Kleider, Anzüge, Unterwäsche. Außerdem Wäsche und Bettzeug, Handtücher, Taschentücher, Decken, Bettlaken, Kissen und Kissenbezüge. Aufgefordert sind alle »Angehörigen und Förderer des nationalsozialistischen Systems. Nichtbefolgung dieser Anordnung zieht härteste strafrechtliche Verfolgung nach sich.« Waren wir nun »Angehörige des nationalsozialistischen Systems«? Förderer sind wir ganz gewiß nicht gewesen. Mutter entscheidet, daß wir Opfer sind. Abzugeben haben wir sowieso nichts, die aufgelisteten Sachen könnten wir selbst gut gebrauchen. Wäsche zum Wechseln haben wir schon lange nicht mehr; wenn Mutter das Bettzeug wäscht und es nicht bis zum Abend trocken ist, müssen wir unter das nackte Federbett kriechen. Die Bevölkerung wird ermahnt, zur Bettwäschesammlung mehr beizusteuern, da sonst zwangsweise Haussammlungen durchgeführt werden müßten. »Jeder Haushalt ist zum Geben verpflichtet«, heißt es in der Anordnung. Als nächstes ergeht die Anordnung zur Sammlung von Hausrat für Flüchtlinge und Bombenopfer, schließlich die Aufforderung zur Abgabe von Öfen und Herden. Die Schüler werden aufgefordert, Heilkräuter und Teepflanzen zu sammeln und bei der Kartoffelkäferbekämpfung zu helfen, also sammeln wir auch Kartoffelkäfer. Alles wie gehabt, das kennen wir ja. Beim Sammeln macht uns niemand etwas vor. Das deutsche Volk, ein Volk von Sammlern.

Als dann aber die *Göttinger Nothilfe* um Spenden für heimgekehrte Soldaten bittet, zögert Muter nicht. »Fünftausend Soldaten warten auf Euch und Eure Hilfsbereitschaft. Wir brauchen fünftausend Anzüge und Mäntel, zehntausend Oberhemden, zehntausend Unterhemden und Schuhe. Gartenbesitzer, bringt uns Obst zur Erquikkung von durchwandernden Soldaten! Akademiker, bringt uns Bücher für lernbegierige Studenten! Helft helfen!«

Mutter schnürt ein großes Bündel. Mantel und Hut, Anzug und Oberhemd, Unterwäsche, Krawatten, Schuhe und Strümpfe. Eine komplette Männerausstattung packt sie zusamen, obenauf ein Lexikon aus Papas Bücherschrank. Das opfert sie gern, in der Hoffnung, daß irgendjemand irgendwo Papa einen gleichen Liebesdienst erweisen möge. Sie will die Sachen persönlich übergeben, und so lade ich mir das Bündel auf die Schulter und begleite sie.

Die Leistung der ehrenamtlichen Helferinnen und Helfer der Nothilfe ist beeindruckend. Sie betreuen Flüchtlingsfamilien, Heimkehrer, durchreisende Soldaten und streunende Kinder, die von ihren Angehörigen auf der Flucht getrennt wurden. In den Wärmehallen, die jedem Bedürftigen offenstehen, werden warme Getränke ausgegeben. Jeder erhält eine warme Mahlzeit. Es sind Waschräume eingerichtet. Mutter ist erschüttert, als sie die müden Männer in ihren zerlumpten Uniformen sieht, die geduldig für ein Kleidungsstück anstehen. Obwohl viele junge Männer darunter sind, wirken alle gleichermaßen alt und verbraucht, apathisch, hoffnungslos. Wir kommen mit einigen von ihnen ins Gespräch. Sie wollen weiter, nach Hause, ins Rheinland, nach Bayern, an den Bodensee. Alle leben mit der Hoffnung, ihre Familien wiederzufinden. Mutter fragt, ob einer von ihnen in Jugoslawien war. Nein, sie waren an anderen Frontabschnitten. Deprimiert machen wir uns auf den Heimweg.

Nachts im Bett höre ich Mutter leise weinen.

49

Auf dem Versuchsgut der Universität in Friedland ist ein Durchgangslager für Flüchtlinge errichtet worden. Die Stadt hat eine Zuzugssperre verhängt, da ihre Aufnahmelager überfüllt sind, aber der Flüchtlingsstrom ist nicht aufzuhalten. Die Menschen kommen zu Tausenden täglich aus der russischen Besatzungszone über die Grenze in die britische Zone. Wie eine Sintflut ergießt sich dieser Menschenstrom über Stadt und Land. In Friedland werden sie registriert, entlaust, verpflegt und ärztlich untersucht. Viele sind krank und transportunfähig, sie benötigen dringend stationäre Hilfe und Pflege. Die Krankenbetten in den Göttinger Kliniken reichen bei weitem nicht aus. Im Gasthaus Rohns wurde ein Hilfskrankenhaus mit zweihundertfünfzig Betten eingerichtet und mit Hilfe des Roten Kreuzes, der Heilsarmee und der Bevölkerung mit dem Nötigsten ausgestattet.

Zu den Flüchtlingen aus der russischen Zone kommen deutsche Familien, die aus Ostpreußen und Schlesien ausgewiesen wurden, sowie evakuierte Bombengeschädigte, die wieder nach Hause wollen. Sechsunddreißig Stunden dürfen sich die Flüchtlinge im Lager aufhalten, um sich von ihren Strapazen zu erholen, dann werden sie in Güterzügen Richtung Heimat weitertransportiert. Es fahren nur zwei Züge pro Tag, da der Reiseverkehr wegen der gesprengten Brücken und teilweise zerstörten Bahnlinien stark eingeschränkt ist.

Mutter möchte nach Friedland, vielleicht kann sie von den Heimkehrern Näheres über Papa erfahren. Wir müssen die vierzehn Kilometer zu Fuß gehen. Es gibt zwar eine Bahnverbindung zwischen Göttingen und Kassel mit

Halt in Friedland, aber die Züge sind hoffnungslos überfüllt; die Menschen sitzen auf Dächern und Puffern, klammern sich außen an die Türen. Wir sind fast bis Obernjesa gewandert, als ein Lastwagen neben uns hält. Wir dürfen aufsteigen. Der Fahrer transportiert eine Ladung Kleidungsstücke ins Lager. Wir hocken uns auf die Säcke, der Rauch des Holzvergasers beizt uns die Augen.

Vor dem Lagertor müssen wir absteigen. Wir treten zur Seite, machen Platz für eine große Gruppe von Flüchtlingen, die sich dem Lagertor nähert. Einige ziehen ihre letzte Habe auf Handwagen hinter sich her, andere schleppen Bündel auf dem Rücken. Junge Frauen, mit Säuglingen auf dem Arm, alte Männer und Frauen, dazwischen Männer in zerlumpten Uniformen, mit Kopfverbänden, einige an selbstgebastelten Krücken, Kinder mit Ranzen auf den Rücken. Eine Karawane des Elends, wie ich sie noch nie gesehen habe. Sie ziehen schweigend an uns vorüber, zu erschöpft, auch nur den Kopf zu heben, ein Säugling wimmert. Vor Erschütterung sind wir sprachlos. Zögernd betreten wir das Lagergelände, fühlen uns fehl am Platze angesichts dieses Elends. Aber es ist keine Neugier, die uns hierher getrieben hat.

Im Lager wimmelt es von Menschen. Zwischen den Flüchtlingen bewegen sich Frauen und halten Plakate hoch: »Wer kann Auskunft geben über Unteroffizier Hans Schneider, Feldpostnummer 1230, zuletzt Rußland«, lese ich im Vorübergehen. Die mit uns eingetroffene Gruppe von Flüchtlingen hat sich vor einer der halbrunden Wellblechbaracken, den sogenannten Nissenhütten, niedergelassen und wartet auf Abfertigung. An der Baracke, die durch eine große Aufschrift als Registrierungsstelle ausgewiesen ist, sehe ich ein Schild: »Alle Flüchtlinge müssen zwecks Registrierung, ärztlicher Untersuchung und Desinfizierung durch dieses Tor.« Eine Gänsehaut kriecht mir über den Rücken, als ich das lese, es erinnert mich an die Bilder von Konzentrationslagern, die von der Militärregierung veröffentlicht wurden. Dort hingen ähnliche Schilder. Auch dort wurden Menschen zur Desinfizierung geführt, ahnungslos gingen sie in die Gaskammern. Ich gerate in Panik, die ganze elende Atmosphäre ringsum läßt mir den Angstschweiß ausbrechen. Verstohlen halte ich Ausschau nach Leichenbergen, dabei weiß ich, daß das natürlich Unsinn ist. Hier wird niemand umgebracht. Hier wird den Menschen geholfen. Sie werden verpflegt und ärztlich betreut, eingekleidet, mit Lebensmittelkarten versehen und in ihre Heimat zurücktransportiert. Mutter merkt nichts von meiner Angst. Sie spricht mit einem der Heimkehrer, der eine wahre Odyssee hinter sich hat: Als er aus der Kriegsgefangenschaft in seinen Heimatort Leipzig entlassen wurde, stand er vor den Trümmern seines Hauses. Von Nachbarn erfuhr er, daß seine Frau mit den drei kleinen Kindern in den Bayerischen Wald evakuiert worden war. Also machte er sich auf den beschwerlichen Weg. Zu Fuß wanderte er durch die russische Zone, war sechs Wochen unterwegs. Manchmal bekam er von Bauern eine warme Mahlzeit, er schlief in Scheunen oder im Wald. Vor zwei Nächten wollte er schwarz bei Besenhausen über die Grenze gehen und in die amerikanische Zone wechseln. Die amerikanischen Posten haben ihn nicht passieren lassen, da sein Heimatort Leipzig ist. Sie hielten ihn fest, um ihn in die sowjetische Zone zurückzuschicken. Er konnte aber zu den Engländern fliehen. Nun will er versuchen, bei Nacht über die Grenze in den amerikanischen Sektor zu gelangen. Er hofft, daß er sich bis in den Bayerischen Wald durchschlagen kann. In welchem Ort seine Familie Unterkunft gefunden hat, weiß er nicht. Er hat Verwandte in Regen. Dorthin will er sich in der Hoffnung wenden, daß jemand weiß, wo seine Frau und seine Kinder sich aufhalten. Ein Einzelschicksal und doch ein Schicksal wie viele. Europa ist in Bewegung geraten. Millionen Menschen sind unterwegs von Ost nach West und von West nach Ost, und dieses Lager ist eine der Stationen dieser Völkerwanderung.

Wir gehen weiter, schauen in die ehemaligen Ställe des Gutes, die nun mit Flüchtlingen überbelegt sind. Erschöpft haben sie sich auf dem aufgeschütteten Stroh zum Schlafen niedergelegt. Auch die Zelte sind überfüllt. Von einer Rotkreuzschwester erfahren wir, daß täglich bis zu viertausend Menschen betreut werden müssen. Fünfhundert Mitarbeiter – Schwestern des Roten Kreuzes, Kriegsgefangene und freiwillige Helfer aus der Bevölkerung – sind in Schichten rund um die Uhr im Einsatz, um diesen Ärmsten der Armen, dem Strandgut des Krieges, beizustehen und die größte Not zu lindern. Mutter spricht viele Heimkehrer an, fragt, woher sie kommen. Aus allen Himmelsrichtungen, aus vielen Orten sind sie gekommen, doch keiner von ihnen war in Jugoslawien. Müde, hungrig und enttäuscht machen wir uns auf den Heimweg. Wir hatten nur einen kleinen Kanten Brot als Wegzehrung eingesteckt, den wir schon vor Stunden geteilt haben. Alle paar Kilometer rasten wir im Straßengraben. Auf diesem Weg haben wir kein Glück, kein Lastwagen, der uns aufnimmt. Wir müssen die vierzehn Kilometer laufen und kommen erst am Abend zu Hause an. Margret ist sauer, daß wir so lange ausgeblieben sind; die Kleinen waren quengelig und haben ihr sehr zu schaffen gemacht. Als Belohnung schüttet Mutter ihr einen Teelöffel Zucker in die Hand, den sie gierig aufleckt.

Heute amüsieren wir Geschwister uns, wenn Margret zu Besuch kommt. In jede Tasse Kaffee nimmt sie fünf Löffel Zucker. Auf unsere Vorhaltungen, daß man den Kaffee doch gar nicht mehr schmeckt und sie besser Zukkerwasser trinken möge, lacht sie nur und rührt sich auch in die nächste Tasse Kaffee wieder ihre fünf Löffel Zucker, obwohl sich die vorherige Ladung gar nicht aufgelöst hat und als dicke, bräunliche Schicht den Boden der Tasse bedeckt. »Am meisten habe ich darunter gelitten, daß es nie etwas Süßes gab«, erinnert sie sich, »gönnt mir also gefälligst meinen Zucker.« Sie erinnert sich aber auch an andere Dinge. Zum Beispiel daran, daß Papa eine Wolldecke über sich und das Radio zog und daß Mutter gesagt hat: »Stell den deutschen Sender wieder ein. Wenn das jemand erfährt, werden wir alle abgeholt.« Einmal, als eine laute Männerstimme aus dem Radio dröhnte, hat Papa gesagt: »Dieser größenwahnsinnige Hund führt das ganze Volk ins Verderben.« Und Mutter hat geantwortet: »Um Gottes Willen, Hermann, die Wände haben Ohren. Das Kind hört auch zu.« Damals war Margret fünf oder sechs Jahre alt und konnte sich auf diese Dinge keinen Reim machen.

50

Frühjahr 1947. Sösi hat geschrieben. Er wird demnächst aus der Gefangenschaft in Peterborough entlassen. Große Freude. Gerda ist ganz aufgeregt. Sie haben sich seit drei Jahren nicht gesehen. Und erst der Jubel bei Sösis Familie. Ihr Junge kommt zurück, welches Glück. »Der arme Chunge schmachtet hinter Stacheldraht in Piterburje«, hat Opa Heise jedem erzählt. Nach »schmachten hinter Stacheldraht« sieht Sösi aber nicht aus, als er braungebrannt und wohlgenährt vor uns steht. Eher könnte man glauben, er käme aus der Sommerfrische.

Seine Eltern richten ihm ein großes Fest aus. Im ausgeräumten, girlandengeschmückten Backhaus treffen sich Freunde, Verwandte und Nachbarn und vergessen für einige Stunden den grauen Alltag. Opa Heise hat seinen berühmten Butterkuchen »chepacken«, Onkel Willy hat aus dunklen Quellen Wein aufgetrieben. Tante Änne sitzt am Klavier und spielt für Jung und Alt zum Tanz auf.

Hermann erzählt begeistert von England. Sie konnten sich vollkommen frei bewegen, haben in englischen Firmen gearbeitet und sind bei befreundeten Familien ein- und ausgegangen. Ins Camp mußten sie nur abends zum Schlafen. Ihre ›Lager Big Band‹ war berühmt und begehrt bei öffentlichen Tanzveranstaltungen. Er reicht ein Photo herum, dreißig junge Musiker in zusammengewürfelten Uniformen, lustig und vergnügt, mittendrin Hermann am Schlagzeug.

Gerda hat Wäsche von Hermann zum Waschen mitgebracht. »Mach mal die Taschen leer«, sagt Mutter zu mir. In der Jacke mit dem Aufdruck POW finde ich einen Packen Briefe, Absender Mary Carpenter, Peterborough.

Ohne jeden Skrupel picke ich mir einen Brief heraus und lese: »My darling, I'm waiting for you. I'll never forget our last night.« Das ist ja ein Ding! Ich will Mutter vorlesen, aber sie will nichts hören und nimmt mir die Briefe ab. »Wenn du ein Wort zu Gerda sagst, dann mach dein Testament. Schreib dir das hinter die Ohren! Das geht uns nichts an. Diese Dinge verstehst du sowieso noch nicht.« Und ob ich diese Dinge verstehe, ich bin schließlich kein Kind mehr. Dieser Schuft! Von wegen »der arme Chunge schmachtet hinter Stacheldraht«. Der hat »cheschmachtet«, aber nicht hinter Stacheldraht!

Als Gerda abends von der Arbeit heimkommt, spürt sie sofort, daß irgendetwas in der Luft liegt. Mutter macht ihr betont harmloses Gesicht, und mir leuchtet die Sensationslust aus den Augen. »Wenn du wüßtest«, denke ich. Mutter entflieht der Situation, indem sie mit den beiden Kleinen einen Spaziergang über die Stadtwälle macht. Aufgebläht von meinem Geheimnis, beobachte ich jede Bewegung von Gerda. »Nun mal raus mit der Sprache«, fährt sie mich an, »hier ist doch was los.« Ich winde mich wie ein Aal, aber Gerda läßt nicht locker, bis ich alles ausposaunt habe. Als Mutter vom Spaziergang zurückkommt, muß sie den Packen Briefe rausrücken. Gerda liest, wird blaß, springt auf und verläßt das Haus. Mutter ist außer sich. Am liebsten möchte sie mich verprügeln.

Ängstlich warten wir auf Gerdas Rückkehr. Wir wissen, daß Hermann mit hohem Fieber und einer Mandelentzündung im Bett liegt. Als sie nach Stunden wieder erscheint, wage ich gar nicht, sie anzusehen. »So, das wäre geklärt«, sagt sie zu Mutter. »Ich habe ihm schöne Grüße von Mary Carpenter ausgerichtet und gesagt, daß sie nächste Woche kommen wird. Wie von der Tarantel gestochen, ist er aus dem Bett gesprungen.« Mehr erzählt Gerda nicht. Acht Wochen später heiraten sie. Mutter ist froh, sie mag Hermann sehr gern, und auch Papa mochte ihn. Das »Schmachten hinter Stacheldraht« kriegt Sösi von uns noch oft aufs Butterbrot geschmiert, was ihn sichtlich amüsiert, besonders Gerdas »von wegen«.

51

Seit drei Jahren ist der Krieg nun zu Ende. Viele Kriegsgefangene sind inzwischen in die Heimat zurückgekehrt, aber Tausende vegetieren noch in Lagern und Gefängnissen. Mutters Brüder und die Männer ihrer Schwestern, auch Onkel Kurt, Papas Bruder, sind alle äußerlich unversehrt aus dem Krieg heimgekehrt, bis auf Onkel Ludchen, der nach einer Kopfverletzung erblindet ist. Wenn Tante Frieda mit ihm spazierengeht, versteckt er die toten Augen hinter einer Sonnenbrille.

Wir haben immer noch kein Lebenszeichen von Papa. Mutter klammert sich an den Hinweis des Kameraden, den der Großvater durch das Rote Kreuz ausfindig gemacht hatte, demzufolge Papa in jugoslawische Gefangenschaft geraten sei. Aber das ist zwei Jahre her, seitdem nichts, kein Wort, keine Nachricht. Ein Mensch kann doch nicht einfach verschwinden, als ob es ihn nie gegeben hätte. Es hat etwas Gespenstisches, Unheimliches. Ein ständiges Wechselbad zwischen Hoffnung und grausamen Visionen.

Ich träume oft von Papa. Manchmal kommt er mir winkend und lachend entgegen. »Na, Käse«, sagt er, und noch beim Erwachen spüre ich den warmen Druck seiner Umarmung. Ein anderes Mal winkt aus der Ferne ein Mann. Er trägt einen blutigen Kopfverband und steht auf Krücken gestützt. Zögernd gehe ich ihm entgegen, bis ich erkenne, daß es Papa ist. Ich fange an zu rennen, aber als ich an der Stelle ankomme, ist er verschwunden. »Papa«, schreie ich und will mich den Händen entwinden, die mich daran hindern, ihm nachzulaufen. Es ist Mutter, die mich wachrüttelt. »Du hast wieder im Schlaf geschrien, dreh dich auf die Seite«, sagt sie beruhigend und stopft die

Bettdecke fester um mich herum.

Ich träume fast jede Nacht von meinem Vater. Mal erscheint er mir heiter und lachend, ein anderes Mal blutüberströmt, und immer winkt er mir zu. Er will mir etwas sagen, ich weiß es. Wie oft haben wir über Walters »Herr Kramer, Gespenster« gelacht. Jetzt lache ich nicht mehr. Das Gespenst meines Vaters sucht mich Nacht für Nacht heim, aber ich habe keine Angst vor ihm. Es ist kein böses Gespenst, es ist freundlich und traurig. Das kann auch gar nicht anders sein, habe ich ihn doch mehr als alles andere auf der Welt geliebt. Ich erzähle Mutter nichts von meinen Träumen, es würde sie furchtbar aufregen. Sie ist felsenfest davon überzeugt, daß Papa lebt und irgendwann heimkehren wird. Als die Träume aufhören, weiß ich, daß mein Vater tot ist.

Der Brief eines Heimkehrers bringt Gewißheit. Er schreibt, daß er in den Suchlisten des Roten Kreuzes auf Papas Namen und Feldpostnummer gestoßen ist. Er kennt Papa, sie waren in Jugoslawien in derselben Einheit. Er betrachtet es als seine traurige Pflicht, Mutter mitzuteilen, daß Papa auf einem Eisenbahngeschütz eingesetzt war, das durch einen Volltreffer völlig zerstört wurde. Von der Besatzung habe keiner überlebt, er habe es mit eigenen Augen gesehen. Er selbst sei schwer verwundet in ein jugoslawisches Lazarett eingeliefert worden. Vor einem halben Jahr wurde er aus der Gefangenschaft entlassen.

Mutter glaubt es nicht. Sie weigert sich, das als endgültig hinzunehmen. »Der Mann war selbst schwer verwundet. Wie will er beurteilen können, ob die Männer an dem Geschütz tot waren? Vielleicht waren sie auch verwundet und sind gerettet worden!« An diesen Strohhalm klammert sie sich jetzt. Ich aber weiß es besser.

52

Währungsreform. In der Gastwirtschaft Dietzel in der Angerstraße ist die Verteilungsstelle für das *Kopfgeld* eingerichtet, vierzig Deutsche Mark pro Kopf. In Dreierreihen stehen die Menschen bis auf die Straße hinaus. Es dauert fast zwei Stunden, bis Mutter mit den Scheinen in der Hand wieder rauskommt, nagelneue Scheine, frisch aus der Presse. Zweihundertvierzig Mark haben wir bekommen. Die Menschen sind lustig, aufgekratzt, malen sich aus, was sie sich alles gönnen werden. Jetzt geht es aufwärts. Scherze fliegen hin und her. Ein Mann schwärmt von einem Motorrad. »Für die Hupe wird es reichen«, sagt sein Nachbar und hat die Lacher auf seiner Seite.

Mutter und ich machen Arm in Arm einen Bummel durch die sonntägliche Stadt. Einige Geschäftsleute dekorieren ihre Fenster noch, andere sind bereits fertig. Sprachlos stehen wir vor den Schaufenstern, wie betäubt von dem Warenangebot, das da in den Auslagen prunkt. Über Nacht sind all die Dinge, von denen wir nur träumen konnten, wieder aufgetaucht. Als wir die Preistafeln näher betrachten, ist uns klar, daß es ein Traum für uns bleiben wird. Dieses Schlaraffenland können wir von außen betrachten, wir können es auch betreten, nur kaufen können wir die herrlichen Dinge nicht.

In der Stadt wimmelt es wie in einem Ameisenhaufen. Menschentrauben hängen vor den Schaufenstern. »Das ist doch der reinste Hohn«, sagt ein Mann neben uns zornig, »die müssen doch die Waren wochenlang gehortet haben. Jetzt rücken sie damit raus, wo man jeden Groschen dreimal umdrehen muß.« »Verstehen kann man es schon«, erwidert ein anderer, »das Geld war doch nichts wert.«

Am nächsten Morgen schickt Mutter mich ganz früh zum Kaufmann. Ein achtel Pfund Kaffee soll ich holen, für jeden ein frisches Brötchen von Bäcker Krengel und eine Tafel Schokolade. Als Mutter den Kaffee mahlt, zieht ein unbekannter, wunderbarer Duft durch die Wohnung. Vergnügt verzehren wir unser Brötchen und essen ein Stück Schokolade dazu. Also doch Schlaraffenland, wenn auch ein bescheidenes.

Onkel August hat seinen Handel ausgedehnt. In den letzten Jahren hat er mit allem möglichen geschachert, angefangen von Aschenbechern aus Granatenhülsen über Brotdosen aus Gasmaskenbehältern bis hin zu Falläpfeln aus seinem Garten. Jetzt hat er wieder Textilien in sein Sortiment aufgenommen und erscheint bei Mutter mit seinem Musterkoffer. »Du weißt ja, ich bin mit kleinsten Raten zufrieden.« Mutter nimmt Bettwäsche. Ein herrliches Gefühl, endlich mal wieder in einem gepflegten Bett zu liegen. Pünktlich am Zahltag der Sozialhilfe steht Onkel August auf der Matte und kassiert die Rate ein.

Tante Mariechen hilft auf ihre Weise. Sie holt ein paar Bananen aus der Tasche, teilt den beiden Kleinen eine zu und steckt den Rest wieder ein. Ein anderes Mal bringt sie Leibnizkekse mit. Die Kleinen dürfen sich einen nehmen, dann verschwindet die Schachtel wieder in ihrer Tasche.

Um Mutter zu entlasten – wie Mariechen sagt – soll Jürgen jeden Sonntag zum Mittagessen kommen. Jürgen geht ganz gerne. Wenn er nachmittags nach Hause kommt, hat er noch zwei Stullen fürs Abendbrot in der Tasche. Nach und nach läßt seine Begeisterung aber nach. Mutter muß ihn schließlich zwingen. Nur noch lustlos macht er sich sonntags auf den Weg, bis er sich eines Tages ganz und gar weigert. Als Mutter in ihn dringt, fängt er an zu weinen. »Ich will da nicht mehr hin, ich muß vor dem Essen immer erst die Caprifischer singen.« Mutter nimmt ihn in den Arm. Onkel August und Tante Mariechen verstehen die Welt nicht mehr. Sie haben es doch so gut gemeint.

Onkel August meint es auch sonst gut mit uns. Er rechnet Mutter vor, wie sorgenfrei sie leben könnte, wenn sie Hinterbliebenenrente beantragen würde. »Du müßtest Hermann allerdings für tot erklären lassen. Du hättest doch längst Nachricht von ihm, wenn er noch leben würde. Man muß den Tatsachen ins Auge sehen. Die Partisanen in Jugoslawien haben doch kurzen Prozeß mit den deutschen Landsern gemacht, nicht groß Gefangenschaft, die wurden abgeknallt und beigebuddelt, das wissen wir doch heute. Überleg dir das mal. Du würdest ein schönes Stück Geld kriegen.« Ich könnte ihn umbringen, wie er da dick und feist am Tisch sitzt. Mutter ist blaß geworden. Als ich sie über den Tisch hinweg betrachte, fällt mir zum ersten Mal auf, daß ihr Haar ganz weiß geworden ist, und sie ist doch erst fünfundvierzig Jahre alt. »Nein, nein, so darfst du mir nicht kommen. Geld ist nicht alles.«

53

Ich will Mutter nicht mehr auf der Tasche liegen und schaue mich nach Arbeit um. Durch die Vermittlung einer Bekannten kann ich bei der Wäscherei Schneeweiß als Hilfsarbeiterin anfangen, Stundenlohn eine Mark achtundvierzig. Ich bekomme etwa sechzig Mark in der Woche. Es ist ein schönes Gefühl, eigenes Geld zu verdienen. Den größten Teil gebe ich Mutter, aber es bleibt auch noch etwas für mich übrig. Die Arbeit ist schwer und eklig. Ich muß die eingehende Wäsche sortieren und mit bunten Fäden kennzeichnen. Ich bin nie richtig dahintergekommen, wie die Wäsche auseinander gehalten wurde, es hing mit den Farben der Fäden zusammen.

Die ersten Tage mache ich vieles verkehrt, aber die Kolleginnen sind geduldig und hilfsbereit. Die Chefin steht immer irgendwo im Hintergrund und hat alles im Blick. Ständig sieht sie den Leuten auf die Finger. Nach vier Wochen darf ich den Sortierraum verlassen und komme in den Bügelraum. Dutzende von Frauen stehen an den Bügeltischen und plätten im Akkord Oberhemden, Blusen und Kittel. Kragen und Manschetten werden von Männern an ständig dampfenden und zischenden Maschinen vorgepreßt. Die Frauen arbeiten schnell. Ruckzuck liegt wieder ein Oberhemd zusammengefaltet da und wird mit einer Banderole aus Papier umhüllt. Fertig. Ich gebe mir Mühe, aber es will und will nicht klappen. An den Nachbartischen stapeln sich die gebügelten Hemden zu Bergen, bei mir gähnende Leere. Die größten Schwierigkeiten habe ich beim Zusammenlegen. Schließlich erbarmt sich eine Kollegin und zeigt mir einige Kniffe. Nun geht es besser, aber immer noch recht langsam. Ich schaffe nicht ein Drittel von dem, was die anderen Frauen bewältigen. Sie trösten mich, das komme schon noch. Sie bügeln schon seit Jahren, da sitzt jeder Handgriff. Die schnellsten Büglerinnen brauchen vier Minuten für ein Hemd. Ich rechne aus, wieviel Hemden sie in einer Stunde schaffen. Fünfzehn Hemden pro Stunde, macht hundertzwanzig Hemden pro Tag. Und dabei reden und lachen sie hin und her, von Tisch zu Tisch, und flirten mit den Männern an den Pressen. In der Vesperpause gehen wir runter an die Leine und hängen die geschwollenen Füße ins kühle Flußwasser.

Die Frauen sind sehr nett, aufgeschlossen und lustig, trotz der schweren Arbeit immer zu Scherzen aufgelegt. Im Laufe der Zeit merke ich dann aber, daß hinter der Lustigkeit viel Schweres und Trauriges verborgen liegt. Der Mann im Krieg geblieben, die Kinder neben der Arbeit allein aufziehen, niemanden haben, mit dem man die Verantwortung teilen kann, nur eine kärgliche Rente, die zum Leben nicht reicht, so daß sie durch Bügeln dazuverdienen müssen. Dadurch kommen die Kinder zu kurz, die fast den ganzen Tag allein sind, die Angst, daß sie auf die schiefe Bahn geraten. Diese schwer arbeitenden Frauen, die abends am Fabriktor von ihren Kindern abgeholt werden, habe ich schnell ins Herz geschlossen. Sie mögen mich auch und helfen mir, wo sie nur können. Als ich den Kragen eines Oberhemds versengt habe und einer Kollegin ziemlich ratlos das verdorbene Hemd zeige, handelt sie sofort, während die forschenden Augen der Chefin uns beobachten. »Gib man her«, sagt sie ganz ruhig, tut so, als ob sie mir etwas erklärt und läßt das mißhandelte Hemd unter ihrem Bügeltisch verschwinden, »die haben keinen Schaden dadurch, die sind versichert. Wenn du ihr das Hemd jetzt präsentierst, kriegst du es vom Lohn abgezogen, dann bleibt ja diese Woche kaum was für dich übrig.«

Nach und nach finde ich mich in die schwere Arbeit. Vielleicht werde ich ja noch eine ganz passable Büglerin. Meinen Traum von einem Gesangsstudium habe ich begraben.

Am Abend ruft Tante Anna vom Balkon herunter: »Ilßä, komm toch mal rauf, ich will dich ein paar Pilder zeichen.« Tante Anna war in England, Hetty hat ihren »Allaan« geheiratet. Ich bin erschrocken, als sie mir die Tür aufmacht. Abgemagert und elend sieht sie aus, ziemlich mitgenommen. »Tas war mich vielleicht ne Reise«, legt sie gleich los. Der Ärmelkanal hatte Windstärke zehn. Sie lag die ganze Überfahrt seekrank in ihrer Koje. »Oben und unten kam es mich raus. Und denn rief der Käpeten. Mrs. Beierlä, Enkland, und ich komme nich aufe Hufe. Aufer Trachbahre ham se mich vom Schiff jeschleppt. Und denn das Essen, rohes Fleisch und warmer Pudding, und ich hatte keinen ›Stuhl‹, die fressen doch ploß dieses labberige Weißbrot. Keine zehn Pferde kriejen mir da noch mal hin. Bleib im Lande und nähre dich redlich. Aber mei Hetty geht es gut, ich soll dich herzliche Grüße saren. Sie würde sich freuen, wenn de ihr mal besuchen tust.«

Arme Tante Anna. Sie sieht wirklich nicht gut aus, aber sie hat wenigstens wieder »Stuhl«, seitdem sie wieder Schwarzbrot ißt. »Ja, ja, meine Wampe ist futsch. Hat aber auch was Gutes. Ich gehe jetzt innen Sportverein, Kluft habe ich schon, kuck mal«, sagt sie, rafft ihre Röcke bis zur Taille, präsentiert sich stolz in der schwarzen Turnhose ihres Sohnes Günther und macht ein paar Kniebeugen.

»Und du«, fährt sie mich an, als ich die Bilder von der Hochzeit ansehe, »warum schuftest dir so in deine Wäscherei ab? Haste das nötig? Zehne könnteste an jedem

Finger haben. Such dich en Tommy zum Heiraten, sare ich dir, die leben da drüben wie Gott in Frankreich. Das blutige Fleisch und das labberige Brot brauchste ja nicht zu essen.«

54

Achter Mai 1949. Heute vor vier Jahren hat Deutschland kapituliert, das große Morden war zu Ende. Wiederaufbau heißt jetzt die Devise. Neues Leben regt sich in den Ruinen der zerstörten Städte. Die Wochenschau zeigt Bilder von lachenden Menschen, meistens Frauen, die fleißig Steine klopfen und zu Bergen aufschichten. Neue Häuser erstehen aus den Trümmern, größer als vorher. Optimismus ist angesagt. Die äußeren Wunden vernarben. Und die inneren? Nur nicht dran rühren. *Power* ist gefragt. *Time is money*.

Bei uns zu Hause hat sich nichts verändert. Wir können nicht vergessen. Papa ist immer noch verschollen. *Money* haben wir nie genug. Es reicht gerade zum nötigsten. Mutter bekommt zwar seit kurzem etwas mehr Sozialhilfe, und Ruth und ich geben den größten Teil unseres Verdienstes ab, aber es reicht trotzdem hinten und vorne nicht. Das Hemdenbügeln geht mir auf die Nerven, aber auf den Lohn können wir nicht verzichten. Seit kurzem besuche ich zweimal in der Woche abends die Prager Schule und lerne Steno und Schreibmaschine.

Onkel Kurt hat seinen Besuch angesagt. Mutter schickt mich zum Bahnhof, um ihn in Empfang zu nehmen. Ich erkenne ihn sofort, er hat sich kaum verändert. Mit Papa hat er keine Ähnlichkeit. »Ganz die Mutter«, hieß es immer, während Papa seinem Vater ähnlich sah, aber nur äußerlich, innerlich trennten sie Welten. »Na, du, Käse kann ich ja nun zu dir nicht mehr sagen«, begrüßt er mich, »du bist ja eine junge Dame geworden.« Käse? Was fällt ihm ein? Käse durfte nur Papa mich nennen. Ich mache mich steif in seiner Umarmung. Trotzdem steigt es in warmen Wellen in mir auf. Käse, wie lange habe ich das nicht mehr gehört! Es ist, als ob ein Damm bricht. Weinend hänge ich an seinem Halse. »Ist ja gut, beruhige dich, wir werden alles besprechen.« Behutsam faßt er mich an der Hand und führt mich aus dem Bahnhof.

Mutter hat schon den Kaffeetisch gedeckt. Onkel Kurt berichtet von Kassel. Sie wohnen immer noch in Wolfsanger bei den Schwiegereltern, werden aber in Kürze eine eigene Wohnung beziehen. »Das Haus, in das wir ziehen werden, ist an genau der Stelle wieder aufgebaut, wo wir früher gewohnt haben. Meine Dienststelle liegt direkt gegenüber. Ich brauch nur über die Straße zu gehen. Alles so wie früher.«

Nach dem Kaffee ziehen sich Mutter und Onkel Kurt zurück. Sie reden lange miteinander, wir hören nur die murmelnden Stimmen. Als Onkel Kurt uns hereinruft, fällt mein erster Blick auf Mutter. Sie sitzt da, klein und zusammengesunken, den Blick auf die Hände gesenkt, die wie leblos in ihrem Schoß liegen. Onkel Kurt räuspert sich. »Eure Mutter ist nun einverstanden, daß euer Vater für tot erklärt wird. Ich habe ihr zugeredet, weil ich weiß, daß es in Hermanns Sinne ist. Ich werde ihr die Formalitäten abnehmen und mich um alles kümmern. Es sind genug Opfer gebracht worden. Jetzt wollen wir an die Zukunft denken. Die Rente wird euch Sicherheit bringen, zumindest in finanzieller Hinsicht.« »Ach Kurt, es hat so was Endgültiges«, sagt Mutter mit ganz kleiner Stimme. Aber sie sträubt sich nicht mehr.

Silvester 1949. Gestern kam die Urkunde vom Amtsgericht. Unser Vater ist von Amts wegen für tot erklärt worden. Ein Tod per Zustellungsurkunde. Für meine Mutter nur ein Fetzen Papier.

Morgen beginnt ein neues Jahrzehnt. Das vergangene hatte nur Terror und Schrecken zu bieten. Hoffentlich erweist sich das kommende als gnädiger.

Epilog

I.

Meine Mutter hat mein Leben geprägt. Frauen ihrer Generation, die das Wort »Selbstverwirklichung« nicht kannten, brauchten sich um ihre Emanzipation keine Gedanken zu machen, sie haben sie praktiziert, der Not gehorchend.

Ihre Kindheit fiel in den Ersten Weltkrieg. Danach Hungerjahre, Inflation, Arbeitslosigkeit. Der Traum von einem kleinen, bescheidenen Glück schien nahegerückt, als der Zweite Weltkrieg ausbrach und ihr den geliebten Mann nahm. In dieser schweren Zeit unter größten Entbehrungen sechs Kinder aufzuziehen – und wir waren keine Engel –, geht an die Substanz. Was sie uns an Liebe gegeben und an Opfern gebracht hat, ist mir erst später aufgegangen, als ich selbst – berufstätig, drei Söhne, alleinerziehend – vor mancher schwierigen Situation stand. Wie würde Mutter entscheiden, habe ich mich oft gefragt. Im Hinblick auf ihr schweres Leben schienen meine eigenen Probleme dann nicht mehr so groß zu sein. Toleranz und Menschlichkeit hat sie uns vorgelebt, verläßlich, sorgend, aufopfernd. Erst als mein Manuskript fertig vor mir lag und ich es nochmals in einem Stück durchgelesen habe, ist mir aufgefallen, daß es eine Liebeserklärung an meine Mutter ist. Beabsichtigt hatte ich das nicht.

Der Notwendigkeit, meinen Vater für tot erklären zu lassen, um in den Genuß ihrer Rente zu kommen und dadurch den Kindern ein besseres Leben zu ermöglichen, hat sie sich lange widersetzt. Was es für sie bedeutet hat, diesen Schritt zu tun, darüber hat sie nie gesprochen. Aber es hat sie gequält, das weiß ich. Da niemals von offizieller Stelle eine Todesmeldung erfolgte, mußte sie es auf sich nehmen und dem Liebsten, das sie neben uns Kindern hatte, durch die Erklärung den Todesstoß versetzen. Das hat sie nie verwunden. Sie hat bis zuletzt auf ihn gewartet, bis zu ihrem letzten Atemzug am sechsten Januar 1966.

II.

Mein Vater war der Held meiner Kindheit, der tapfere Soldat, der Verteidiger des Vaterlandes. Meine frühesten Erinnerungen kreisen nur um ihn. Das blutige Handgemenge zwischen Kommunisten und Nazis konnte mir nichts anhaben, weil ich sicher auf seinen Schultern saß. Die große Badewanne im Gaswerk verlor ihren Schrekken, weil er mir seine Hand hinhielt, an der ich mich festhalten konnte. Wenn ich nachts aufwachte, rief ich ihn und wartete auf sein »Komm rüber, Käse.« Dann kuschelte ich mich in seine Arme und war geborgen.

So sehr ich mich auch bemühe, mir ein Bild von meiner Mutter in diesen frühen Jahren zu machen, es gelingt mir nicht. Weder Gesicht noch Gestalt erscheinen vor meinem inneren Auge. Wie ein Schemen gleitet sie durch diese Zeit, ein Schatten ohne Konturen, an den Rand gedrängt von einer überdimensionalen Vaterfigur.

Mit Ausbruch des Krieges änderte sich das. Mutter trat in den Vordergrund, nahm mehr und mehr Gestalt an. Von da an habe ich keine Schwierigkeiten mehr, mich ihrer zu erinnern. Im Gegenteil, ihr Bild dominiert, während Papas Bild undeutlicher wird. Es war immer schön, wenn er auf Urlaub kam, aber in die Freude mischte sich ein Wermutstropfen. Es war ja immer nur eine Galgenfrist, er mußte wieder fort. Die Geborgenheit der ersten Jahre habe ich nie wieder verspürt. Schon damals habe ich empfunden, daß etwas unwiederbringlich vorbei war.

Seine Liebe zu uns war unverändert, aber er hatte sich verändert, war oft abwesend und deprimiert. Nur noch selten setzte er sich ans Klavier, kaum einmal nahm er die Geige zur Hand. »Dreh das Bild um, ich kann diesen Verbrecher nicht mehr sehen«, diese Worte von ihm haben sich mir unauslöschlich eingeprägt. Meine Verwirrung war groß damals. Ich war im BDM. Am zwanzigsten April, Hitlers Geburtstag , mußten wir einen Eid leisten: »Ich verspreche, in der Hitlerjugend allezeit meine Pflicht zu tun in Liebe und Treue zum Führer und zu unserer Fahne. So wahr mir Gott helfe.« Hitler ein Verbrecher? Das verstand ich nicht. Als ich Mutter nach Papas Abreise darauf ansprach, war sie tief bestürzt und versuchte, die Sache abzuschwächen. »Das darfst du nicht so wörtlich nehmen. Papa war nervös. Am besten, du vergißt das wieder.«

III.

Als man wieder reisen konnte und es längst kein Problem mehr war, in fast jedem Land der Welt Urlaub zu machen, habe ich mich doch stets geweigert, nach Jugoslawien zu fahren. Die Bilder in den Reisebüros konnten noch so schön und verlockend sein, da wollte ich nicht hin.

Im Jahre 1973 mußte ich aber dann meine Scheu überwinden. Ich lebte damals in Stuttgart und arbeitete im Institut für Auslandsbeziehungen, das im Auftrag der Kulturabteilung des Auswärtigen Amtes deutsche Kunst im Ausland präsentiert. Ich flog mit einigen Kollegen nach Sofia, um den Abbau der großen Architekturausstellung zu überwachen. Die Rückreise sollte mit dem Ausstellungswagen über Land erfolgen. Wir würden quer durch Jugoslawien zurückfahren und in Novi Sad und Zagreb zwei weitere Ausstellungen besuchen.

Sofia im Jahre 1973 war eine düstere Stadt mit beklemmender Atmosphäre. Keinen Schritt konnten wir unbeobachtet machen, immer war ein Aufpasser dabei. Wir wurden rund um die Uhr überwacht. In unserem Hotel waren nur westliche Besucher untergebracht. Anscheinend hatte man sie so besser unter Kontrolle. Das abendliche Treffen in der Hotelhalle fand unter den wachsamen Augen von Männern statt, die allzu diskret über sämtliche Räume verteilt waren. »Seid vorsichtig mit euren Gesprächen auf dem Zimmer, es wimmelt überall von Wanzen«, sagte uns ein Geschäftsmann aus Köln. »Wenn ihr wichtige Dinge zu besprechen habt, geht raus auf die Straße, das machen wir auch so.«

Ich war froh, als endlich der Tag der Abreise da war. Unsere Abfahrt mußte allen zuständigen Stellen gemeldet worden sein, denn allenthalben tauchte Miliz auf. Mehrere Male wurden wir gestoppt und mußten unsere Papiere vorzeigen. An einer landschaftlich schönen Stelle machte ein Kollege ein paar Aufnahmen. Das hätte er lieber lassen sollen. Aus einem Gebüsch kam ein Jeep mit Miliz hervorgeprescht. Ein Soldat entriß ihm die Kamera und schimpfte lautstark auf ihn ein. Wir verstanden kein Wort. Er nahm uns die Pässe ab und verschwand hinter dem Gebüsch. Es dauerte lange, bis er wieder auftauchte und uns Pässe und Kamera zurückgab, den Film hatte er herausgerissen. Wir durften langsam weiterfahren. In einiger Entfernung bewegten sich Kolonnen von Militärfahrzeugen und verschwanden in den Bergen, über die Tarnnetze gespannt waren. Erst jetzt merkten wir, was uns vorher gar nicht aufgefallen war: Das ganze Gebiet war eine einzige Festung.

An der Grenze ließ man uns stundenlang warten, obwohl wir die einzigen waren, die in Richtung Jugoslawien reisten. Es wimmelte von Zöllnern und Militär, alle bis an die Zähne bewaffnet. Diese bedrohliche Situation weckte Erinnerungen, ließ Bilder aus den Nebeln der Vergangenheit heraufsteigen, die ich fünfundzwanzig Jahre lang verdrängt hatte. Jetzt gab es kein Zurück mehr. Ich mußte den Boden des Landes betreten, in dem mein Vater gekämpft und gelitten hatte und in dessen Erde er irgendwo verscharrt worden war.

Im ersten Dorf nach der Grenze machten wir Rast und gingen in ein Gasthaus. Krasser konnte der Gegensatz zu jenseits der Grenze nicht sein. Drüben verfallene Hütten, Pappe in den Fenstern, zerlumpte Gestalten. Hier eine gepflegte Gaststube, Blumen in den Fenstern, liebenswürdige Menschen. Auf dieser Fahrt quer durch Jugoslawien konnte ich mich der Schönheit des Landes nicht verschließen. Saubere, gepflegte Orte, hilfsbereite, aufgeschlossene Menschen. Wo wir auch anhielten, strömten sie zusammen und boten ihre Hilfe an, wollten uns einladen. Stuttgart kannten viele, Söhne arbeiteten da, schickten Geld nach Hause, von dem Geld bauten sie Häuser. Fast in jedem Dorf konnte man rege Bautätigkeit beobachten. Deutsche Autos mit deutschen Kennzeichen standen vor den Häusern, Stuttgart, Köln, München – Söhne auf Heimaturlaub.

Der Tag ging zur Neige, als wir in Zagreb einfuhren. Zagreb, das ehemalige Agram: Von hier war Papas letzte Post gekommen. Im Hotel zog ich mich gleich auf mein Zimmer zurück. Als ich das Fenster öffnete, fiel mein Blick auf die gegenüberliegenden Berge, hinter denen eine fahle Sonne unterging. Düster lagen sie da. Karge Vegetation, nur Büsche und verkrüppelte Bäume. Diese Landschaft kannte ich, sie war mir nicht fremd. Sie hatte ich gesehen, kalt und bedrohlich, wenn ich von Papa geträumt hatte.

In dieser Nacht träumte ich nach langer Zeit wieder von meinem Vater. Es war ein Alptraum. Ich wanderte durch die Berge und suchte ihn. Unter einer verkrüppelten Kiefer war eine Grube ausgehoben und darin lag er, blutüberströmt, die Augen gebrochen. Schweißgebadet wachte ich auf. An Schlaf war nicht mehr zu denken. Ich setzte mich auf die Fensterbank und starrte zu den Bergen hinüber, die langsam aus der Dämmerung auftauchten.

Ganz früh verließ ich das Hotel und wanderte durch die Stadt, ließ mich treiben, handelte mir von den wenigen Passanten, die zu dieser frühen Morgenstunde unterwegs waren, verwunderte Blicke ein, landete in engen Altstadtgassen. Laut hallten meine Schritte auf dem Kopfsteinpflaster. Neugierige Augen hinter den Gardinen. Ein alter Mann kam mir entgegen, sah mich an, »Dobar dan«, sagte er, ging schlurfend weiter. Ich schaute ihm nach. Ob er bei den Partisanen gewesen war? Vielleicht, altersmäßig kam es hin. Er hat seine Heimat verteidigt, dachte ich, die Deutschen waren die Eindringlinge. Zwei Frauen kamen mir entgegen, tief verschleiert. Wie hatte Papa doch geschrieben? »Hier gehen die Frauen alle verschleiert.« Vielleicht ist er durch diese Gassen gegangen, gerade hier, wo ich jetzt ging. Als ich nach dem Labyrinth der Gassen einen großen Platz erreichte, kam mir ein Möbelwagen entgegen. Josef Kramer, Zagreb, lese ich. Kramer in Zagreb? Aber er hieß ja Hermann. Wirre Gedanken gingen mir durch den Kopf. Es hat Fälle gegeben, wo Männer untergetaucht sind und ihr altes Leben einfach hinter sich gelassen haben. Was für Gedanken! Das hätte Papa nie getan. Verwirrt stellte ich fest, daß ich mich verlaufen hatte. Am Rande des Platzes standen Taxis. Ich stieg ein und ließ mich ins Hotel zurückfahren. Große Aufregung, als ich vorfuhr. Man hatte mich schon vermißt, aber ich konnte keine Erklärung geben. Ich wußte ja selbst nicht genau, was ich hier suchte.

Der Leiter der Kunsthalle führte uns durch die Ausstellung. Abends lud er uns zu einem Umtrunk ein. Ich zog mich früh zurück. Die Anstrengungen der letzten Tage machten sich bemerkbar. Wir wollten einen Tag dranhängen und uns ausruhen, bevor wir weiterfuhren.

Am nächsten Morgen erschien ein Mitarbeiter der Kunsthalle und bot sich als Fremdenführer an. Die Kollegen hatten keine große Lust auf Sehenswürdigkeiten, wollten lieber in die Stadt gehen. Mich aber zog es in die Berge. Er war einverstanden, als ich ihn bat, mir die Umgebung zu zeigen. Vom Krieg wußte er nicht viel, er war erst Anfang zwanzig. Nach Zagreb war er vor einem Jahr gekommen, als er den Job in der Kunsthalle bekam. Er hatte gehört, daß in den umliegenden Bergen Kämpfe stattgefunden haben sollen. Näheres wußte er nicht. In welche Richtung ich denn fahren möchte? Ich bat ihn, einfach loszufahren.

Die Straße in die Berge war schlecht und holperig. Wir kamen an einsamen Katen vorbei, manche verfallen, unbewohnt. Ob die wohl durch Kriegseinwirkung zerstört worden waren? Er wußte es nicht. Als der Weg immer schlechter wurde, parkten wir den Wagen und gingen zu Fuß weiter. Eisenbahngeschütz, mußte ich immer denken. Ein Eisenbahngeschütz fährt auf Schienen, wie ein Zug, das könnte nur in einem Tal eingesetzt gewesen sein. Als wir die nächste Anhöhe erklommen hatten, breitete sich vor uns ein weites Tal aus. Ich sah die Schienen, rostig und geborsten, von Gras überwuchert. Ich wollte da runter. Er tat mir auch diesen Gefallen, aber ich merkte, daß er mein Verhalten seltsam fand. Wir kraxelten den Abhang hinunter und gingen ein paar hundert Meter an den Schienen entlang. Unter einer verkrüppelten Kiefer rastete ich für eine Weile. Mein Begleiter war hinter mir zurückgeblieben. Es war ganz still, kein Vogelgezwitscher, kein Laut, kein Windhauch. An den Stamm der Kiefer gelehnt, schaute ich den Schienenstrang entlang, der weiter vorne in Gras und Gebüsch verschwand. Das Starre, Leblose drang auf mich ein. Die Stille bevölkerte sich mit stöhnenden Menschen, krachenden Geschützsalven. Visionen aus dem Schlund der Hölle. Durch den Schlachtenlärm drang eine Stimme. »Nun komm doch endlich.« Jemand rüttelte an meiner Schulter, die Starre löste sich. Es war mein Begleiter. »Laß uns hier weggehen, der Ort ist unheimlich.« An der Hand zog er mich den Abhang hoch. Ich schaute zurück auf das gespenstische Tal und wußte, daß ich dem, was ich suchte, ganz nahe gewesen war.

IV.

Ich habe heute wieder meinen Rundgang gemacht, wie schon so oft in den letzten Monaten, seit ich begonnen habe, unsere Familiengeschichte aufzuschreiben. Erste Station ist das Gauß-und-Weber-Denkmal auf dem abgetragenen Wall. Die Splittergräben sind zugeschüttet, Treppen und Eingänge entfernt, die aufgeworfenen Hügel mit Gras bewachsen. Ich setze mich auf die Bank neben dem Denkmal und schaue zur Herbart-Schule hinüber. Es ist gerade Pause, auf dem Schulhof toben die Kinder. Strahlender Sonnenschein. Vor fünfzig Jahren war das anders, der Himmel verhangen, das Dröhnen der Bomber ließ die Luft vibrieren. Als die Wolken aufrissen, sah ich sie, riesengroß, direkt über dem Dach der Schule. Ich sehe das kleine Mädchen auf der Treppe des Splittergrabens sitzen, den Kopf in den Armen verborgen, zitternd vor Angst, als das Heulen der Bomben die Luft erfüllt. Ich überlege, was wohl geschehen würde, wenn ich jetzt rüberginge und den Kindern auf dem Schulhof meine Geschichte erzählte. Ob es sie interessieren würde?

Am Aufgang zum Bismarckwall ein Wahlplakat. Europawahl. Kinkel in Großformat mit ausgestochenen Augen und Hitlerbart. »Frieden für Europa«, lautet der Slogan. Mir fällt der Aufruf des Bürgermeisters von Gorazde ein: »Seit drei Wochen hält die Belagerung an. Wir haben schon vierhundert Tote zu beklagen und Tausende von Verletzten. Es stehen keine Krankenbetten zur Verfügung, unsere Toten können wir nicht bestatten. Ich verstehe die Welt nicht mehr. Wenn Sie uns nicht helfen wollen, lassen Sie uns wenigstens schnell sterben.« Frieden für Europa – Sprüche!

Bismarckhäuschen. Hier standen die beiden GIs und bewachten die Brücke über den Leinekanal. Ich sehe die blendend weißen Zähne in den lachenden schwarzen Gesichtern, als Ruth und ich die Flucht ergriffen, als sie aus Spaß ihre Maschinengewehre auf uns richteten, bum, bum, bum.

Angerstraße. Hier gingen Sprengbomben nieder, die zwei Häuser in Schutt und Asche legten, keine fünfzig Meter von unserem Bunker entfernt, in dem wir zitternd saßen. Tote und Verletzte. Alle Fensterscheiben im Viertel gingen zu Bruch.

Rechterhand von »unserem Wall« das Haus von Pastor Runte. In dem großen Garten, der an unseren Hof stößt, wandelte er die Wege auf und ab, das Brevier vor Augen, Vorbereitung auf die Predigt, die wir dann sonntags über uns ergehen lassen mußten. Sobald er uns den Rücken gekehrt hatte, fielen wir über seinen Apfelbaum her, aber das wußte er. Im Konfirmandenunterricht bat er uns, keine Äste abzubrechen, das täte dem Baum weh.

Unseren »Affenbaum« kann ich nicht wiederfinden. Er stand auf halber Höhe des Wallgrabens. Mit Anlauf sind wir in seine Äste gesprungen und wie Affen in ihm rumgeturnt. Entweder ist er eingegangen, weil er die Strapazen nicht überstanden hat, oder er ist so groß geworden, daß ich ihn nicht wiedererkenne. Mit den Linden verhält es sich ähnlich. Sie sind mächtig gewachsen in den letzten fünfzig Jahren. Ihre Kronen vereinen sich zu einem grünen Blätterdach.

Ich betrachte die Rückfront »unseres« Hauses. Auf den kleinen »Balkongs« hängt Wäsche, genau wie früher. Auf dem Hof spielen Kinder, es gibt sogar einen Sandkasten. Das ist neu. Wir durften den Hof überhaupt nicht betreten, wurden immer weggescheucht. »Spielt auf der Straße«, hieß es. Das konnte man damals ja auch gefahrlos tun. Autos gab es nicht, Privatwagen waren im Krieg beschlagnahmt. Schlachter Herting spannte seine beiden Rottweiler vor einen Handwagen mit Gummirädern, wenn er zum Schlachthof ging. Die Brauereiwagen hatten dicke Belgier vorgespannt. Wenn das Klappern der Hufe von ferne ertönte, erschien Tante Anna mit Eimer und

Kehrschaufel und sammelte die Pferdeäpfel ein. Die kamen als Dünger auf die Erdbeerbeete.

Auf der Wallbrücke verweile ich lange. »Unser« Haus hat einen neuen Anstrich erhalten. Nach der Anzahl der Kinder zu urteilen, die im Hof spielen, scheint es immer noch das »Kinderreichenhaus« zu sein. Aber die Kinder sind nicht blond und blauäugig, sondern schwarzlockig und haben Kirschenaugen. Gegenüber der Kindergarten, unverändert. Ein kleiner Junge steht am Zaun und schaut weinend zum Haus hinüber. Eine Frau tritt aus der Tür und winkt ihm zu. Jürgen will »bißken Maamaa koom«, denke ich. Alles wiederholt sich.

Im Haus neben dem Kindergarten wohnte meine Freundin. »Tritt die Füße ab und wasch deine Hände, dann kannst du mit Hilde spielen.« Heute wohnt mein Verleger dort. Ein paar Häuser weiter rauf, auf der anderen Seite, dort wo der Blockwart Schumann lebte, wohnt mein Lektor. Der Kreis beginnt sich zu schließen.